Ilustracije
Milena
Filip Ivovic (stranice 12-13; 56-57; 122-123)

Izdavač
M PUBLISHING

Naslov originala
Words of Silence

ISBN 978-1-909323-11-7

REČI ĆUTANJA

milena

M PUBLISHING

SADRŽAJ

NIKAD NIČIJA

Smem li da znam 8
Priča sam koja se ćuti 9
Koračanje 10
Iluzija.............................11
Saznanje 12
Boje noći 13
Razdaljina 14
Prihvati to 16
Ispovest 17
Okrugla tišina..................18
Nešto se događa 20
Kroz prozor 21
Iskušenja........................21

Uviđanje 23
Smisao 24
Beskraj i ja......................26
Zagonetka.......................28
Bolna radoznalost 29
Zov Božjeg Ja 30
Nepoznatoj meni.............33
Nikad ničija.....................34
Mehurovi tišine 36
Dilema............................39
Sudbina..........................40
Priznanje.........................42

TIŠINA JE BOŽANSKA

Krug 46
Dok zvuci rastu 47
Vetar..............................48
Žuto ćutanje....................49
Celovitost 50
Kuća tajni 51

Približavanje 53
Sinteza...........................53
Gustina...........................54
Odgovor tela....................54
Prepoznajem...................56
Spokoj 57

PROBUDI SE !

Budi! 60
Ovaj trenutak 60
Prava destinacija.............62
Ovde i sada 63
Zapitana 64
Saradnja 64

Lišena izbora 66
Podsticaj 66
Ima neko more................67
O, Beskraju!....................68
Molba 75

RUSKA ZVONA

I prisutna i odsutna 80
Poziv 81
Treperim 83
U čamcu 84
Ruska zvona 85
Ukrajina 86

Neminovnost 87
Rusija 88
A posteriori 88
Replika 89
Sećanje 90

NESTAJE ME A NE ZNAM GDE SI

Kraj leta 94
Reći ću ti 95
Dolazi tvoj nedolazak 96
Bol 99
Čežnja 100
Dođi 101
Unutrašnja vatra 101
Poklon 103
Vrtlog 103
Biće 104
Ti 106
Bespomoćna 108

Želja 110
Svitanje 113
Feniks 115
Stvaran 115
Pesma mrtvih ptica 116
Ranjena 116
Najbolji pogled 119
Imam 119
Gledam kako odlaziš 121
Noćna poseta 122
Unutrašnji zapis 123

GOSPODARU DRAGI ...

Šta mi je drugo činiti 126
Tvoje prisustvo 126
Dodir 129
Buđenje 129
Esencijalna spoznaja 130
Druženje 130
Sveto mesto 133
Univerzumski zavičaj 134
Program 134
Suze 137
Direktno iskustvo 139
Pokretač 140
Svi i sve 140
Podsećaj me 142
Unutrašnji osmeh 142
Mađioničar 144
Zajedničko ime 144

Ka opstanku 147
Koraci 147
Jedinstvenost 148
Životočinitelj 148
Teskoba 151
Suveren 152
Sveprisutan 155
Refleksija 156
Jedan odnos 158
Još uvek rastem 161
Ti si esencija 162
Vrhunski majstor 164
Vidim te nevidljivog 167
Uranjam u ovaj čas 169
Neko 170
Upućena tebi 172
Poslednje pitanje 175

NIKAD NIČIJA

SMEM LI DA ZNAM

Noć me budi i obuzima.

Nemam više ni želje
ni snage
da prevazilazim.
Osluškujem.

Nešto se organsko događa sa mnom.
Godinama osnaživani zamah i ubeđenja
nevidljivi grade sopstveni smisao.

Kada ću izbaciti ovaj mir na obalu?
Osluškujem.

Vasiona šapuće u mojim ćelijama
i svojom me nepojmljivošću obavija celu.

Čeka me
a ima
vremenima,
dok ćutim za nju.

Ja – igračka ili bog?

PRIČA SAM
KOJA SE ĆUTI

Utonula u tišinu
ponirem u lepljivi predeo
neizgovorenih misli
i razaznajem, imenujem.

Iz ništavila
sveukupnost naslućujem.

Čeznem za sobom samom –
stvarnom, dovršenom;
onom
čije energije odolevaju vremenu.

Čeznem za sobom samom –
iz ništavila vaskrslom,
od nepostojanja spašenom.

I u čaši vode – ćutanje.

KORAČANJE

Sve je iscenirano
duž ove ulice.

Koračamo
pridobijeni njenim fasadama,
no – atraktivnosti se brzo troše.

Iza dekorisanih pročelja.
ničeg uzbudljivog nema

Ništa se osmehuje
iz svega.

Ništa je i hodanje,
i hodač,
i nešto okruglo
u šta se bezvremen
uvlači.

ILUZIJA

Moja ruka produžena iz plavog rukava,
i olovka i kosa – to je plašt nevidljive energije;
tri-dimenzionalna predstava
stvorena onim što se skriva njome.

Ne postoji ni ruka, ni rukav, ni kosa.

Nema ni ove sobe, ni stola, ni sata –
to se izvesne vibracije ukrštaju
na koordinati čvrste materije
i ubedljiva iluzija stvarnog plete svoju mrežu.

Noćas pozdravljam sve duhovne entitete
koji mi pomažu.

SAZNANJE

Ne spavam.
slušam neku priču mojih kostiju i ćutim.

Ukočilo se nešto u biću i pokreta nema.
Prostor bez vazduha.

Pokušavam da prihvatim značenja,
ili bežim – dokle, od čega, kome?

Boli.

Soba je hladna.
Osećam da nema,
da je pustoš, da je teško tumaranje.

A kakva su pojava otac i majka u tome?

Moja majka!
Njeno dete je poraslo.

BOJE NOĆI

Kad sunce ukloni svoje lice sa neba,
i noćna tama nagovesti misterije svemira –
bespomoćnost zatreperi mojim bićem.

To stanje me osvaja
i bez mog pristanka.

Ostajem sama pred sobom
gubeći i one spasonosne,
ružičastih-stakala, naočare.

Ako pokušam da pobegnem,
moram se i vratiti
jer staza na vrhu očekivanja zavija,
jer se bežanje kompletira povratkom.

I ne mogu pobeći od sopstvene esencije –
od skala njenih boja
koje čekaju da budu aktivirane,
poput muzičkih nota
željnih da raspu svoj zvuk.

Ne mogu sprečiti boje noćne tame
da komuniciraju sa mojom esencijom.

RAZDALJINA

Koliko dana
od čoveka
do čoveka –
a samo jedan pogled!

PRIHVATI TO

Mi, podeljeni u dane i poklonjeni,
bez moći kojom razjašnjavamo smisao;
zagledani u mnoge pravce i zbunjeni.

Je li materija zalud kombinovana
do formule mojih gena,
vekovima, erama, parsecima?

Mirna, živim istinu
namotanu na klupko vremena.

ISPOVEST

Noćas se sjatila pomirenost
svega sa svim
u mojim očima
i neka me večnost,
nečujno,
odvlači k sebi.

OKRUGLA TIŠINA

Vreme noćnih pasa je prošlo
– pauza do prvih petlova.

Neću nikakav glas.
Ni boju.

Zatvaram krug.

To je krajnji cilj svemu –
sreća kruga!

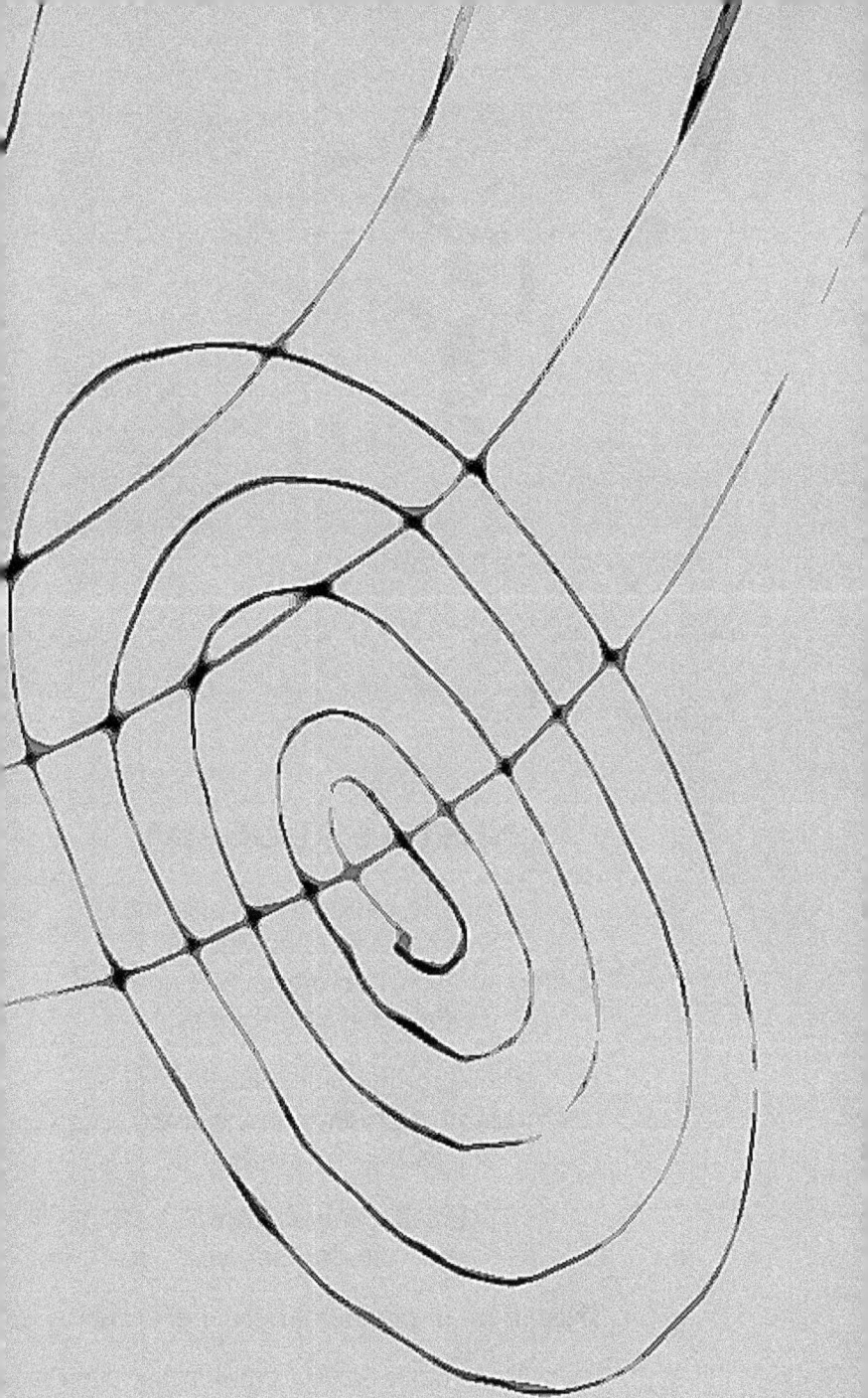

NEŠTO SE DOGAĐA

Hladno je i mračno iza prozora.
Satima sedim i ne mičem.
Samo su mi oči otvorene, reči nemam.
Postajem sve i gubim se.

Iskrivljuju me naleti starih misli
vezanih za svakodnevne stvari,
za svet na svetlu.

Preskočene običnosti
stostruko me napale.

Nismo mi ni plućni mehurovi ni koraci.

To se nešto kotrlja vremenom,
otisnuto nikada.

KROZ PROZOR

Noć bistra, mirna,
probodena srebrom meseca.
Skupljam joj dah od koga mi nemiri dođu.
Lavež u srce.

Put do mene je strm;
i ne tražim da drveće hoda
jer to ne pomaže.

Plašio me nekad strah
ali ustuknu pred sjajem dalekih zvezda.

Koliko besmisla u svakidašnjici!
Koliko svetlosti u danu
a on ne otkriva sve!

Misao kroz prozor,
uvek!

ISKUŠENJA

Ćutimo već satima,
noć i ja.

Svaka misao stane na rubu straha.

Snage mi treba,
puno.

Koga da pitam
i šta da ga pitam?

PERDURABO !

UVIĐANJE

Posle kamena
bačenog u moje vode,
i nužnog treperanja,
umirili se tokovi.

Stanja nova,
jasnija,
moćnija.

Hoću događajnost izvan ove,
ili ovo – ubedljivije!

SMISAO

Odranja se jedna zapremina.
Nečujno kopni preobražena u događaje.

Procesi upozoravaju,
kretanje umnožava disanje.
Trebam li reći da se ne bojim?

Još malo,
i divno sam svoja.

Malo, uvak malo, stalno nečemu!
To sutra što nadahnjuje ovaj čas:
da saznam reči brat, majka, otac, prijatelj...
da odživim za sve stvari
i uvećam radost!

Teče, teče reka.
Čeka veliko i tiho more.

BESKRAJ I JA

Svojim mirom i dubinom,
ova noć mi donosi misli o beskonačnosti.

Postoji li kraj?

Da, kao stanje u razvoju date stvari –
promena kvaliteta njene egzistencije,
najava sledećeg početka.

Naš je život šetnja do prividnog kraja –
igra skrivalice
sa početkom novog postojanja,
uz neminovno udaljavanje od praoblika.

Da bi se dogodio početak,
nešto se najpre mora dovršiti.

Svaki razvojni prag,
tačka je fizičkog ili mentalnog prostora –
u kojoj se beskonačnost oplođuje
i otvara ka novom beskraju
unutar sebe same.

Noćas sedim u jednoj od takvih tačaka,
ushićena slobodom i kreativnošću
koje su mi božanski dodeljene.

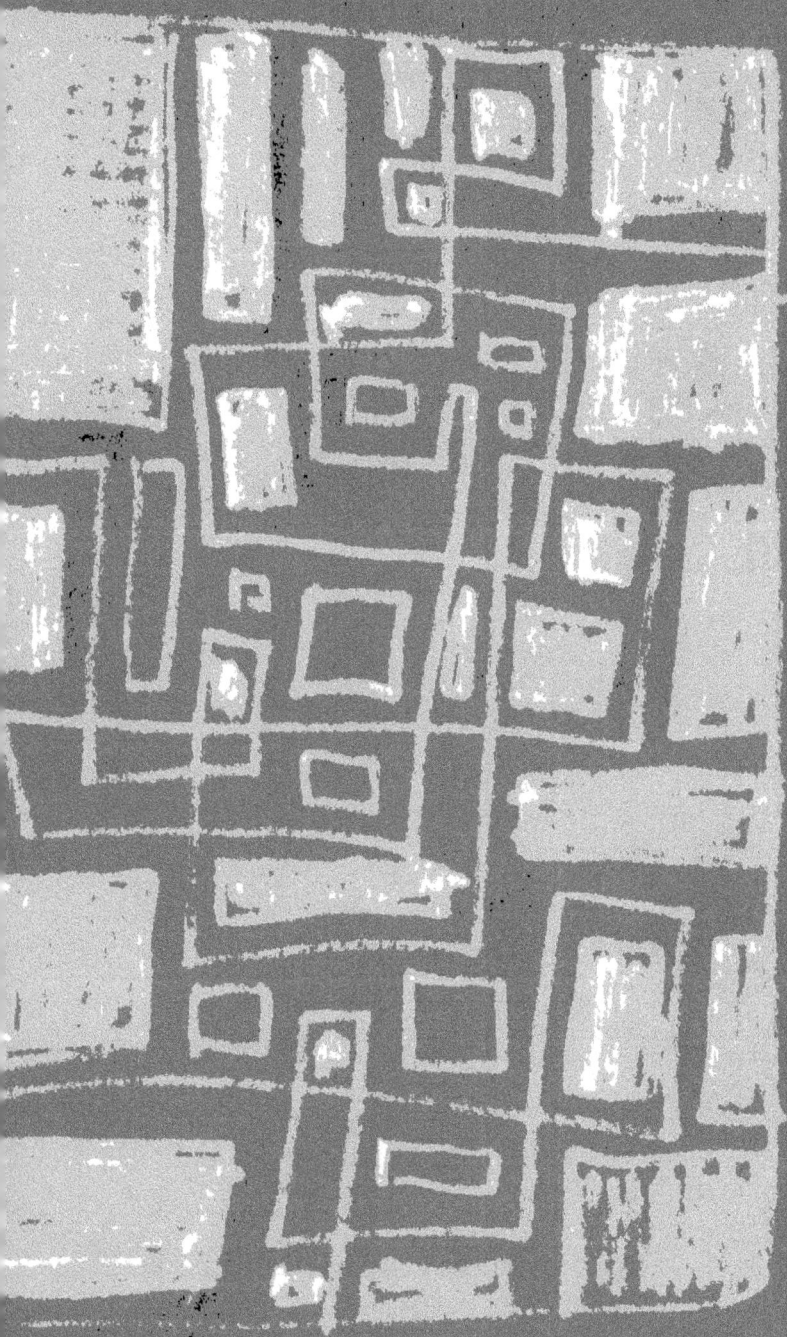

ZAGONETKA

Malo će se promeniti.

Ići ćemo bučni, uznemireni,
zaneseni, svačiji –
i nikad stići.

Dužni sebe?

Kome? – Ovom vremenu
ili spokoju beskraja?

Kojem našem obliku tečemo?

BOLNA RADOZNALOST

Stoji nešto u mom pogledu,
neko biće obitava.

Na kojoj sam stazi?

Mučim sebe.
Tražim se.

Hoće li to zauvek ostati pokušaj,
sve ubedljiviji, sve intenzivniji?

Trebam li sebe očekivati od drugih,
ili samo jedan prijatan odjek od njih?

ZOV BOŽJEG JA

Dragi moj božanski potencijalu!

Čujem
kako me dozivaš iz iskona,
budeći me
za nove beskraje.

Cenim tvoju veru
u zemaljsku mene,
tvoju nameru
da ujedinjeni
zajedno rastemo –
dok događaji žure kroz nas,
dani protiču,
vreme nestaje
a mi
nastavljamo
da koračamo.

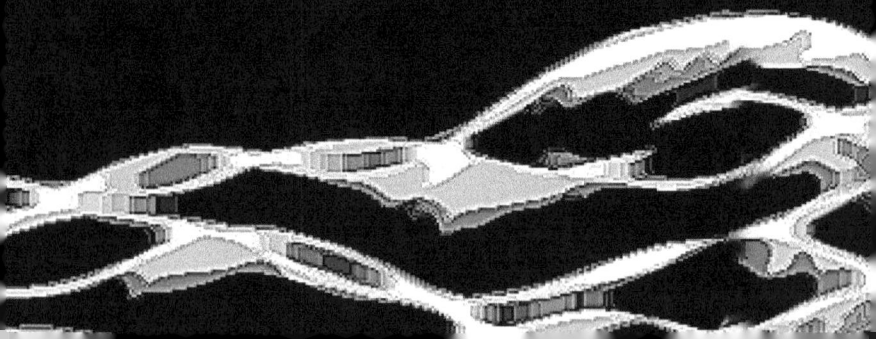

NEPOZNATOJ MENI

Voli me, moj nepoznati deo mene,
jer bez tvoje ljubavi
polja su nedovoljno zelena.

Voli me, ti, nepoznati deo mene,
nevidljiva sceno mog vidljivog bića,
po kojoj se talasi mojih strasti uobličuju,
pospešeni žestinom tvoje nevidljivosti.

Budi mi veran, moj nepoznati deo mene,
jer bez tebe bih i ova vidljiva ja
izgubila svoje značenje.

NIKAD NIČIJA

Htela bih da spokojna tihujem,
bez želje,
bez pogleda,
bez oblika,
nevidljiva,
nematerijalna –
ni moja sopstvena čak.

Nikad ničija
do u Božji naum utkana.

MEHUROVI TIŠINE

Prostor i vreme bez zvuka,
zgusnuli se u mentalnu zapreminu
ovog trenutka.

Potisnute, moje misli se gube
uhvaćene u mehurove tišine.

Draga Beznačajnošću,
pogledaj me, da proverim
da li te to moje oči krase!

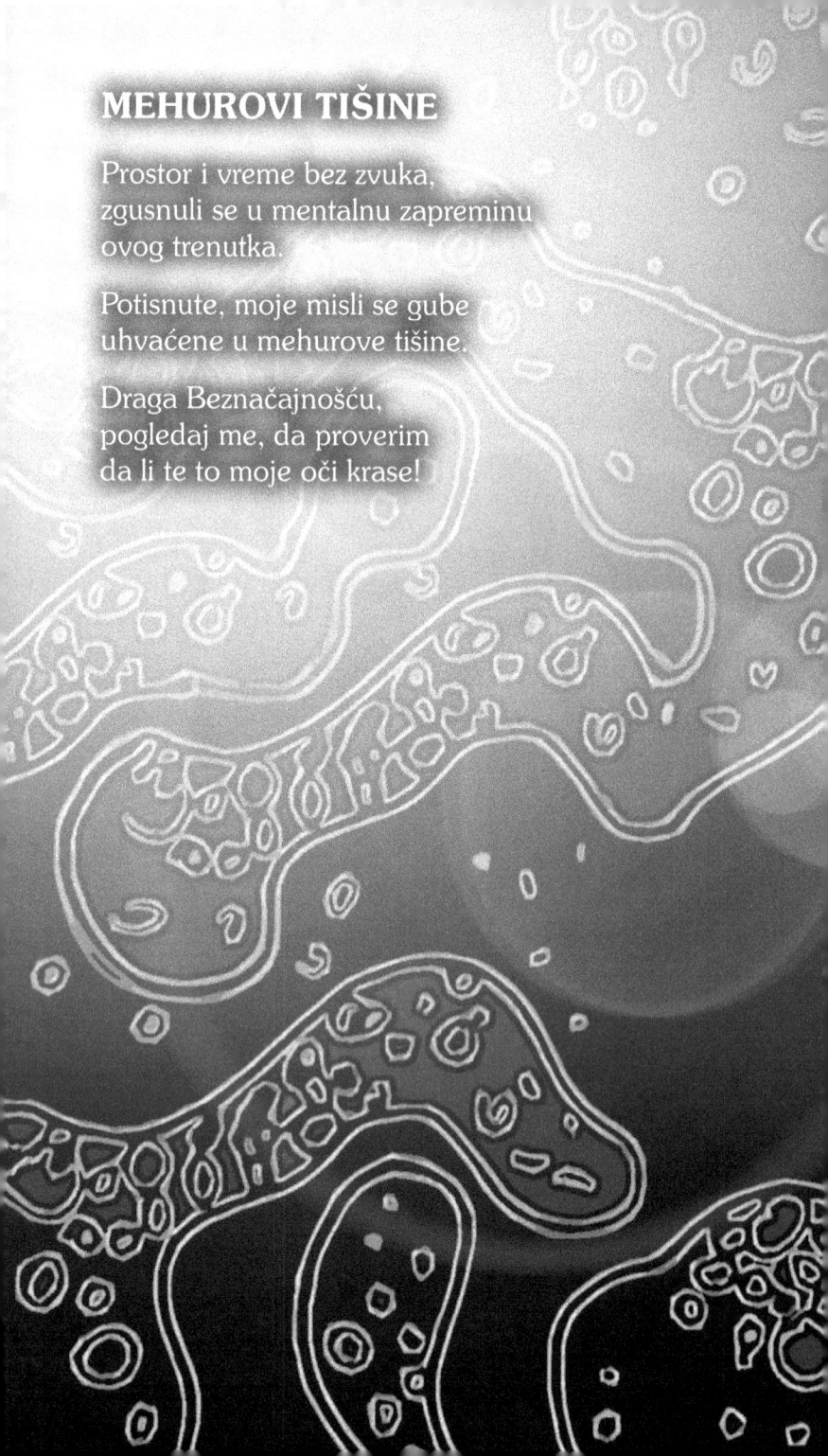

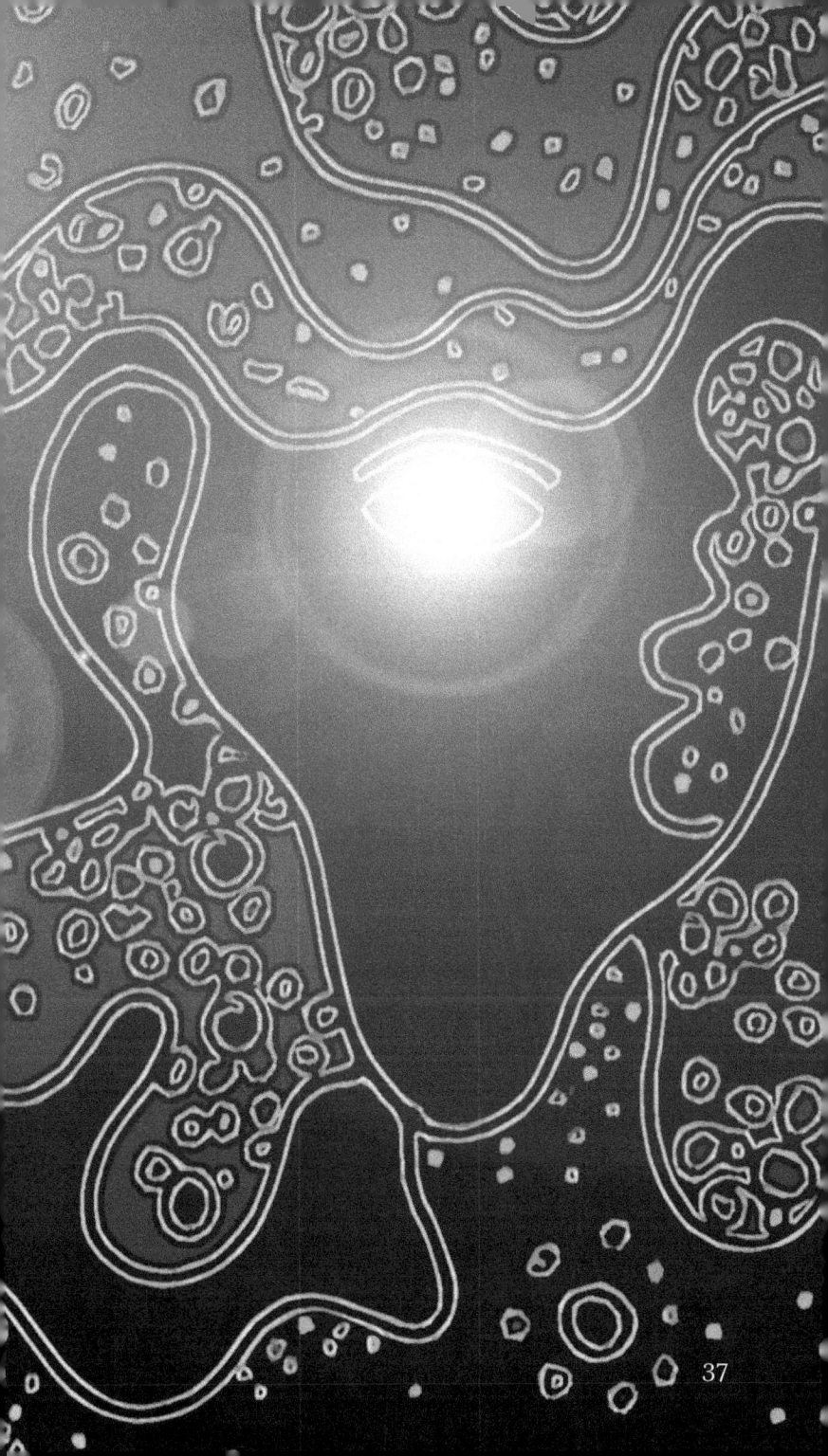

DILEMA

Dodirnuta zvukom,
otvorih se
i na njegovim talasima
zaplovih.

Odlutala,
da li to ja sebe još uvek tražim
ili već imam –
jer jesam: blistavi događaj
jednog energetskog kompleksa,
u rastuću samosvest uronjenog?

SUDBINA

Danas dišem bez napora,
pomireno jasna,
nepokolebljivo mirna
i potpuno svoja.

Nikoga nema.

Niko me ne pomišlja,
niko se ni javiti neće.

Ja sam nagoveštaj
onoga što će rasti
i proći ovom planetom;
što će razliti svoju esenciju
– stavljajući je u službu
Božanskih Poredaka.

PRIZNANJE

Ja sam
jedna ogromna želja
za lepim
i savršenim –
neiscrpna vera
u tako šta.

TIŠINA JE BOŽANSKA

KRUG

Koračam tiha.

Evo, preskačem kišni oblak,
malo kolebanje, bol;
i vidim, još dalje, još jasnije.

Polja maslačka, sunce u kosi i vetar!
– Trčaćemo zajedno,
do belih jorgovana ulice moga detinjstva,
do kolača od vlažnog peska iz Tamiša.

Čujete li,
šume, pesmo, ljudi?

Žurim sebi!

DOK ZVUCI RASTU

Predosećam...

Poleteću,
ni Zemlja me neće imati!

Kunem se mojim pogledom
da ću biti – biti i kroz sada
i kroz ono što ću doneti.

Kunem se mojim zanosom
da ga neću izneveriti.

(Hej, biće u meni,
voliš li sebe dovoljno?
Trebamo izdržati!)

Samo da ćutim,
još malo, još jače,
još tiše i lepše,
zaverenije –
da oslušnem i nastavim
pesmu koja nadolazi.

Čuj, zapevaj i pođi sa mnom!

VETAR

Jednoga dana ću uhvatiti vetar;
neće biti sneg, ni kišno veče –
već šareno podne leta ili prolećno jutro.

Vetru, tvoje promene me ne brinu!

Jedina transformacija koja boli,
je moja.

ŽUTO ĆUTANJE

Dolazi jesen.

Osetim radost
pri pomisli na sveže žuto jutro
i vetar nabubreo od ukradenog lišća.

Da bude hladno,
da potražim zaklon u sebi,
da svežem nameru
za vreme kojim bih krenula.

Kiše na prozoru
i magla u ruci.

Jedna smo zaćutalost
koja odoleva vremenima.

CELOVITOST

Ne vidim samo dan
ili samo noć
– vidim tok svetlosti.

Ne vidim samo crno
ili samo belo
– vidim izraz svetlosti.

Ne vidim sebe samo,
ne vidim druge samo
– vidim naše zajedništvo,
kolosalni integritet
JEDNOG koje pulsira.

Ne vidim loše samo kao loše,
ne vidim dobro samo kao dobro –
vidim u njima značaj svakog iskustva.

Realnost u kojoj obitavam
je irelevantna.

KUĆA TAJNI

Jesen me trgla, povukla za rukav,
a za druge sam i dalje ista.

Oživljava me raskoš njenog žutila,
oštra svežina jesenjeg neba
i jasne daleke zvezde.

Žuto pretačem u misao
i pomeram joj granice;
magla ćuti
nemoćna u postavljanju prepreka.

Svakog dana, ljudi su mi
novi oblik života, čoveka –
bliži, mada nejasniji.

Osećam kako stupam u izvesnu kuću,
jedini put, sama –
kuću za koju deca ne znaju.

Iz nje se izlazi bez ovog tela.

Ne volim nikoga a svi su mi dragi.
Lepo mi je, i zato mi nije lepo.

Hoću još nešto.

Volim lišće po ulicama
ruke u toplim džepovima,
udaljene svetlosti.

Sve će doći,
ali ne pre.

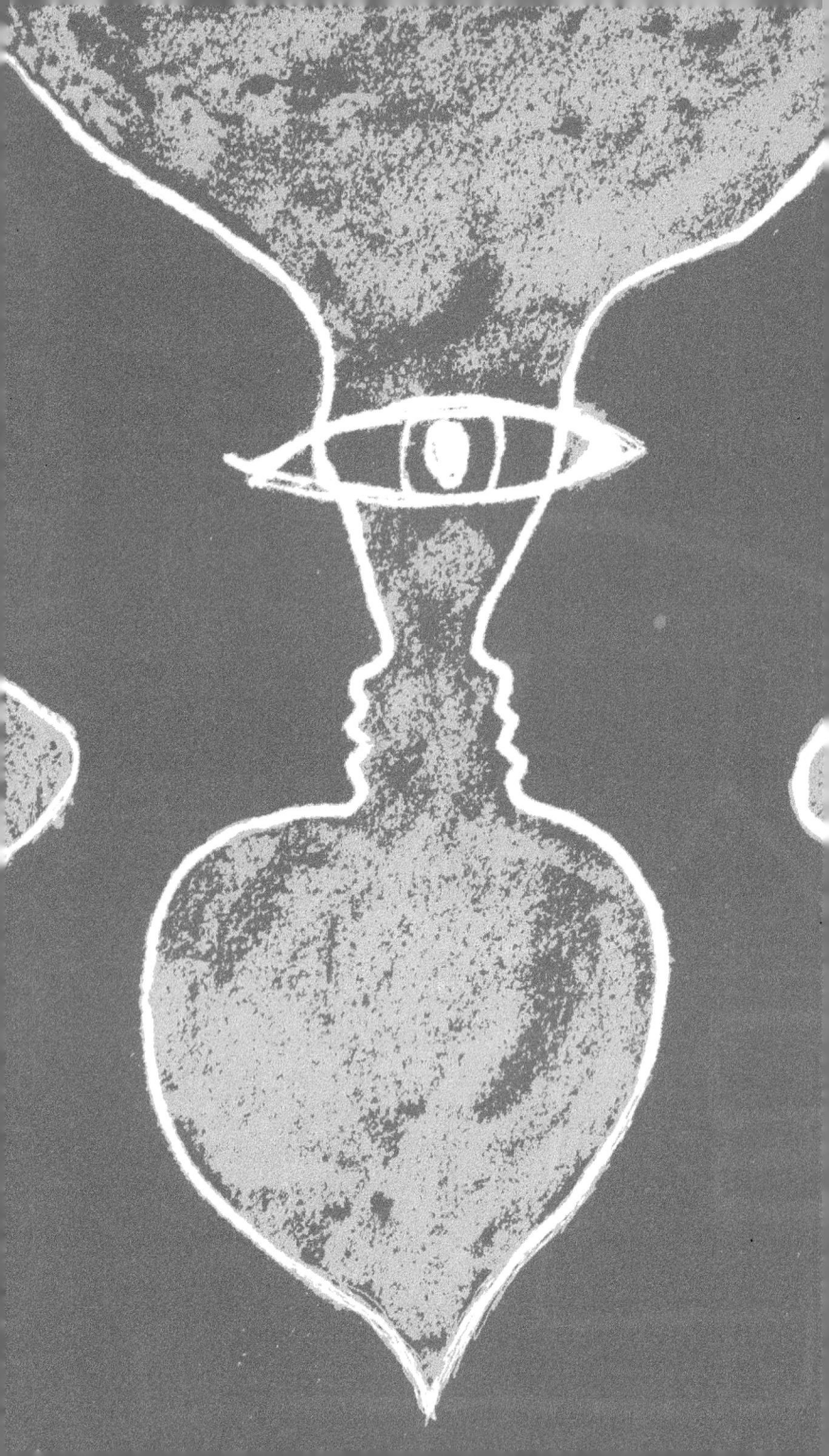

PRIBLIŽAVANJE

Lišena izvesne doze intenziteta,
zbivanja postaju blaža i rečitija.

Naše oštre ivice iščezavaju,
i prijatno dodirnuti – jesmo.

SINTEZA

Treba znati čekati,
naučiti se:
biti istovremeno onaj koji čeka
i ono što se čeka –
subjekat i objekat u istom času,
i jednako tako.

I tada, čekanja neće biti
jer drugog neće biti.

Vreme će stati.

Prolaženje ćemo biti mi –
moćna sinteza suprotnosti.

GUSTINA

Realnost se iskazuje kroz nebrojene okolnosti.

Nije lako dosegnuti uviđanje,
a još je teže osloboditi se njegovih stega.

Nagomilani stavovi
povećavaju gustinu mentalnog prostora –
bezuslovno prihvatanje i zahvalnost
je raspršuju.

ODGOVOR TELA

Sede tela i, ne primećujući,
održavaju lagodnost položaja
povremenim diskretnim pokretima
sopstvenih ekstremiteta.

I tako, u ovoj sobi,
tišina uzmiče
pred škripom stolica,
dok se unutrašnji zahtevi
prisutnih ljudskih tela
usklađuju sa zahtevima
energije vremena.

PREPOZNAJEM

Miris lipe dotakao mi izvor
i probudio nešto iskonsko moje,
starije od svih vremena –
neki način gledanja, način disanja.

Kroz vibraciju tog mirisa,
nalazim u snopu prolaznika,
u večernjim šaputanjima, opustelim ulicama,
nalazim u pulsu ovog velikog grada,
odgovore čija pitanja i ne postavljam.

Kroz vibraciju tog mirisa,
znam nešto od juče, od večeras, od sada –
odjednom
nešto ogromno potrebno imam i znam.

I lepo sam mirna.

SPOKOJ

Uzmi me na svoja krila,
moj spokoju!

Sa tobom želim da odletim
daleko od carstva reči –
tamo gde je svetlost zlatna
a tišina božanska.

Uzmi me na svoja krila,
moj spokoju!

PROBUDI SE !

BUDI !

Probudi se!

Evo zvuci oplođuju tišinu,
i nove se harmonije rađaju
iz igre svega sa svime.

Probudi se,
i kroči u ovaj trenutak!
Uđi u ove vibracije
koje oblikuju i nose.

Odeni
svoju iskonsku želju za lepotom,
i tako čaroban
BUDI !

OVAJ TRENUTAK

Ovaj trenutak je jedini stvaran.

Moćan je i beskrajan – poput nas,
kada mu pripadamo.

Pokušaš li da ga zaustaviš,
iskliznućeš iz najsavršenijeg toka.

Sporednim putem
energija vremena sporije teče.

PRAVA DESTINACIJA

Gde sam se to uputila,
bez da primećujem?

Zašto uopšte negde,
u neku destinaciju?

Istinska destinacija je unutar,
u ovom sada,
koje učvoruje beskonačnosti
i, lišeno brzine, teče –
znajući sve, posedujući sve.

OVDE I SADA

Zaustavi se!

Budi za ovaj trenutak –
to je jedino vreme koje postoji.

Sutra i prošlost su mentalne vrednosti,
virtualna realnost.

Propuštene prilike, sve neživljeno,
ni u jednoj budućnosti se neće odživeti
jer se okolnosti neprekidno menjaju.

Zaustavi se, i u celosti uđi u ovo sada
koje se kotrlja niz večnosti.

Ne skrivaj se od sebe
i ne plaši se poraza –
svaki je stepenica u pozitivnom smeru.
Veruj.

Ovde i sada, na Zemlji,
prepusti se kosmičkoj privilegiji
da uživaš što jesi.

ZAPITANA

Gde je moje srce dok koristim reči
i nabrajam razloge?

Gde je moje božansko ja
kad zemaljsko ja
još uvek pita
„ZAŠTO"?

SARADNJA

Moj dragi razume,
još koliko dugo ćeš pokušavati
da shvatiš ono što srce već zna?

Da, ti ne bi bio razum
ako se ne bi držao racionalnog.

Srce je tu da sarađujete,
i kao jedna mudrost i svetlost
plovite okeanom daha.

LIŠENA IZBORA

Ne mogu te zaključati, moje srce,
tako da prestaneš da želiš i čezneš.

Slobodno si da se širiš,
mada osmišljavaš
i hraniš bliskost.

Prihvatanje je tvoj način –,
radosno zajedništvo
njegova manifestacija.

PODSTICAJ

Reka života je turbulentna,
vetar povremeno jak.

Rasti i jačaj, moje srce,
okean neutralne svesti je dalek
i spreman za tebe.

IMA NEKO MORE

Zajednički je uvir svih košmara i muka.

Tečemo tamo gde reka osnažena gubi sebe.
U tajnu mora, u omeđeni beskraj, hitamo;
mi – kosmičko seme spušteno na Zemlju.

I ne hvatajte leptirove usput!

O, BESKRAJU !

1. VRAĆAM TI SE

O, Beskraju u meni,
evo me, vraćam ti se
posle dugo vremena –
obeležena suzama
koje su hranile moj nesan.

O, Beskraju u meni,
sećam te se sada,
kada je reč bolno neprecizna,
kada se osmeh gubi
nenastavljen na tuđim usnama,
kada nema odgovora
za čežnju što boli.

O, Beskraju u meni,
sada znam da si ti sve
što sam ikad imala,
da sam tvoja od časa kad si me stvorio
i da u tvojoj dimenziji samo,
ja istinski postojim.

2. OPROSTI MI

O, Beskraju u meni,
stazo i sklonište moje!

Oprosti mi za sva tumaranja,
za očekivanja tebe od drugih;
i razumi moje besplodne radoznalosti
koje su me vodile
do lica i srca stranaca
u traganju za samom sobom.

Dozvolila sam im da me zavedu,
rečima i osmesima,
dok sam u njihovim očima tragala za tobom
i od njihovih prstiju očekivala tvoj dodir.

Iscrpila me zavisnost od događaja,
istrošila me moja očekivanja.

Ne želim da zavisim od njih
ne želim da zavisim od bilo čega.

3. PRIHVATI ME

O, Beskraju u meni,
svaki prozor moje duše,
evo se otvara ka tebi
i moje unutrašnje vatre iznova pale.

Najzad zapostavljam mnoge trivije
i uspinjem se ka tebi da ti poklonim
ono jedino moje – mene samu,
posvećenu ti svakim dahom.

Prihvati me, nesavršenu.
Prihvati me, zasićenu bolom.

4. HVALA TI

O, Beskraju u meni,
davno je to bilo kad sam te uočila
i kad smo pripadali jedno drugom.

Zašto sam te ikada zaboravila,
trčeći razdeljena u nebrojena očekivanja?

Hvala ti, Beskraju,
što si mi upućivao poruke
sa najraznovrsnijih mesta;
što si slao ljude i upravljao zbivanjima,
kako bi me usmerio ka tebi, ka meni.

Period navigacije je dugo trajao.

Sada si ovde, u meni,
opipljiv – O, Beskraju.

5. NAUČI ME

Voli me, O, Beskraju u meni;
voli me i za one koji su to odbili,
pazi me i za one koji to nisu činili.

Neguj me u sebi.
(ako treba, biću tvoja tajna.)

Nauči me da je izlišno sećati se
onih gorkih, ubedljivih ne-pronalaženja.

Nauči me da budem mirna još više,
nauči me da volim bezuslovno.

Ubedi me da već imam
sve što trebam.

Nauči me da ne pitam,
nauči me da ne želim.

Nauči me beskrajnom strpljenju.

Odvedi me u apsolutno vreme,
O, Beskraju u meni!

6. VREDELO JE

O, Beskraju u meni,
bilo je vredno proživeti
sve što se dogodilo
jer i ono što me prividno odvlačilo od tebe,
upućivalo me tebi, upućivalo me meni.

Zahvaljujem ti na razlozima
za sve suze na ovom putu;
njihova me reka usmeravala cilju.

O, Beskraju u meni,
razumem, ti si motrio moj hod
dopustivši mi da te iznova prepoznam
na način meni neophodan.

Koračanje je sada lakše,
jer staza blista svetlošću
moje osnažene spoznaje.

MOLBA

Reči moje
iscrpljene!

Dozvolite mi
da vas obavijem tišinom,
dok ne ojačate.

SAMO

LJUBAV

MOŽE

DA

IZDRŽI

OVU

TIŠINU

RUSKA ZVONA

I PRISUTNA I ODSUTNA

Na suncu blista mirna i iskrena reka.

Čamci snivaju, bašnje se smeše.

Pred lepotom prizora, oblaci uzmiču
i ostaje plavo, gore,
divno parče plavog koje raste.

Radost se širi u meni.
Zvuci ovog časa i osećaji me raznose,
i utapaju u predeo.

Došla sam ti, Rusijo,
i rastvorih se u tebi.

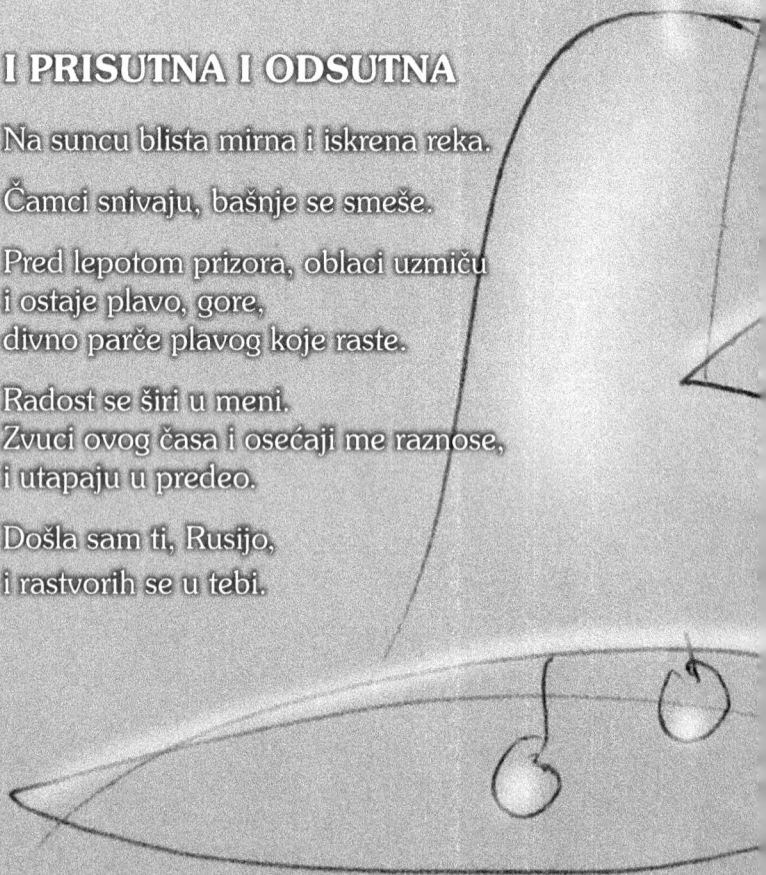

POZIV

Šta me to zove,
samu?

Zvona! Bože!

Ćutim.
Možda se to svetovi oglašavaju?

Jesam li ovde?

Vatra dolazi
i mir –
poput sna koji se sluti.

Postajem vedrija.
Podižem pogled.
Želim!

Oči mi se široko otvaraju.
Čujem poziv bezvremenlja.

Ja ću dotrčati!

TREPERIM

Bele
lenjingradske
noći.
Treperim
u društvu
nekih, Valja, Jura, Alla.

Ima nas pored Neve,
dok probuđeni mostovi
podižu svoja krila
propuštajući rane jutarnje brodove.

Ima nas u nebeskoj tišini
drvenih crkava
i tajanstvenosti njihovih ikona.

Ima nas u Carskom Selu,
na Aurori, i kanalima
niz usnulih kamenim zdanja.

Treperim,
dok snaga prošlih vremena
uzvišuje svaki trenutak
i pretače ga u čistu lepotu.

83

U ČAMCU

Sedim na reci.

Misli ne sastavljam –
to sada ne mogu.

Bašnje na obali ćute,
sve lepše, sve rečitije.

Ne znam im ni ime, ni broj.

Dolaze divni zvuci...
od vode, od daljine, od tišine.

Kako razumeti ovu setnu lepotu što raste,
ovo vreme što je ima
i ovu mene koje više nema
– dok jedan čamac
poklanja svoj vodeni lik
beskraju što sja?

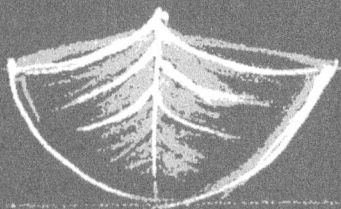

RUSKA ZVONA

Dok ruska zvona zvone,
vekovi tišine
setno rasipaju svoju boju.

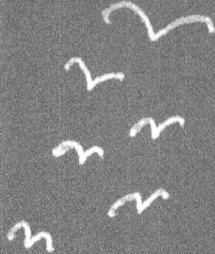

UKRAJINA

Iz polja lete ptice
i zvuci plave tišine.

Opet jedna beskonačnost
koju treba razumeti!

NEMINOVNOST

Hoću da nešto od ovog trenutka bude
imenovano.

Voz za Lenjingrad je krenuo:
monotoni zvuk odmicanja
i besprekidnost brezovih šuma u oba prozora.

Ljudi su ostali – zato što su neki otišli,
zato što to mora;
što ovo kloparanje i vrućina moraju biti.

Svež pogled na stvarnost,
i nove harmonije u meni rastu.

RUSIJA

I bila jednom jedna
daleka i setna zemlja –
Rusija.

Negde,
u beskraju sopstvenom
izgubljena.

Negde,
u večnost
upisana.

A POSTERIORI

Kroz Rusiju,
kao da me danima more nosilo
i njihalo svojim najlepšim pokretima
a onda iznelo na obalu,
poklonivši mi nešto beskrajno dragoceno –
novi uvid u mene samu,
i novi osmeh za sve ljude.

REPLIKA

Zvona!

Tu,
kraj ovih razmišljanja,
zabodena u kasno podne avgusta.

Zvona – kao slutnja, kao miris,
kao himera.

Zvona – kao svetlost nestalna,
možda boja neka željena.

Zvona – zvonko zvonasta.

I sećanje.

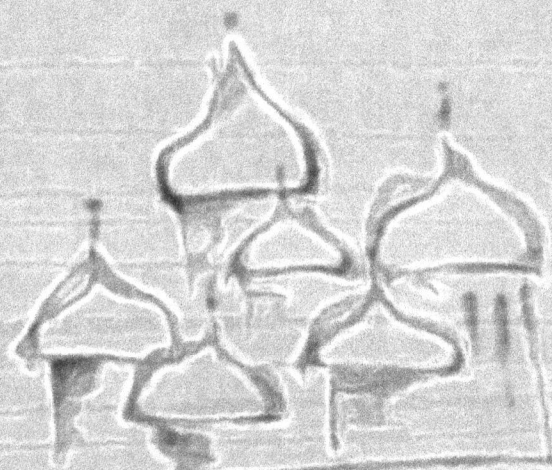

SEĆANJE

U podne, u prašnjavim širokim ulicama
sela moga detinjstva,
golubovi snivaju
i prezreo dud podleže gravitaciji.

Blješte prozorska stakla kuća,
duge, nedostižne mi ulice
gde sam prvi put ugledala oblake –
i trčala im u susret
kroz vrelu letnju prašinu.

Ispod retkih stabala bagrema,
mrke gomile punih,
životom zamorenih žena,
sa rukama upletenim u igle
i klupka bojene vune,
ćute svoju sudbinu.

Bučno izdisanje opuštenih trupova,
izmeštenih po niskim klupama,
obogaćuje škrti spektar lenjih zvukova
ovog napornog podnevnog časa –
kada život kao da uzmiče
pred žestinom sunčane sile.

Na kraju ulice,
išarane ovim usporenim živim tačkama,
je česma – malo ukopana u zemlju,
i sa prilazom ciglama popločanim.

Tu ulica počinje, ili nestaje,
ulivajući se u sprženo banatsko polje.

Kada bih ovog časa mogla da se umijem
vodom sa te česme,
jedan krug bi se zatvorio
i sveopšti smisao oglasio sa nove koordinate.

NESTAJE ME A NE ZNAM GDE SI

KRAJ LETA

Zajedno sa detinjstvom mojih vrhova prstiju
nestalo je jedno leto,
i ti na njegovim talasima.

Hteo si da te nemam,
i nemaš me.

Bilo je bolno.

Shvatam –
leto se moralo preobraziti,
a ja porasti.

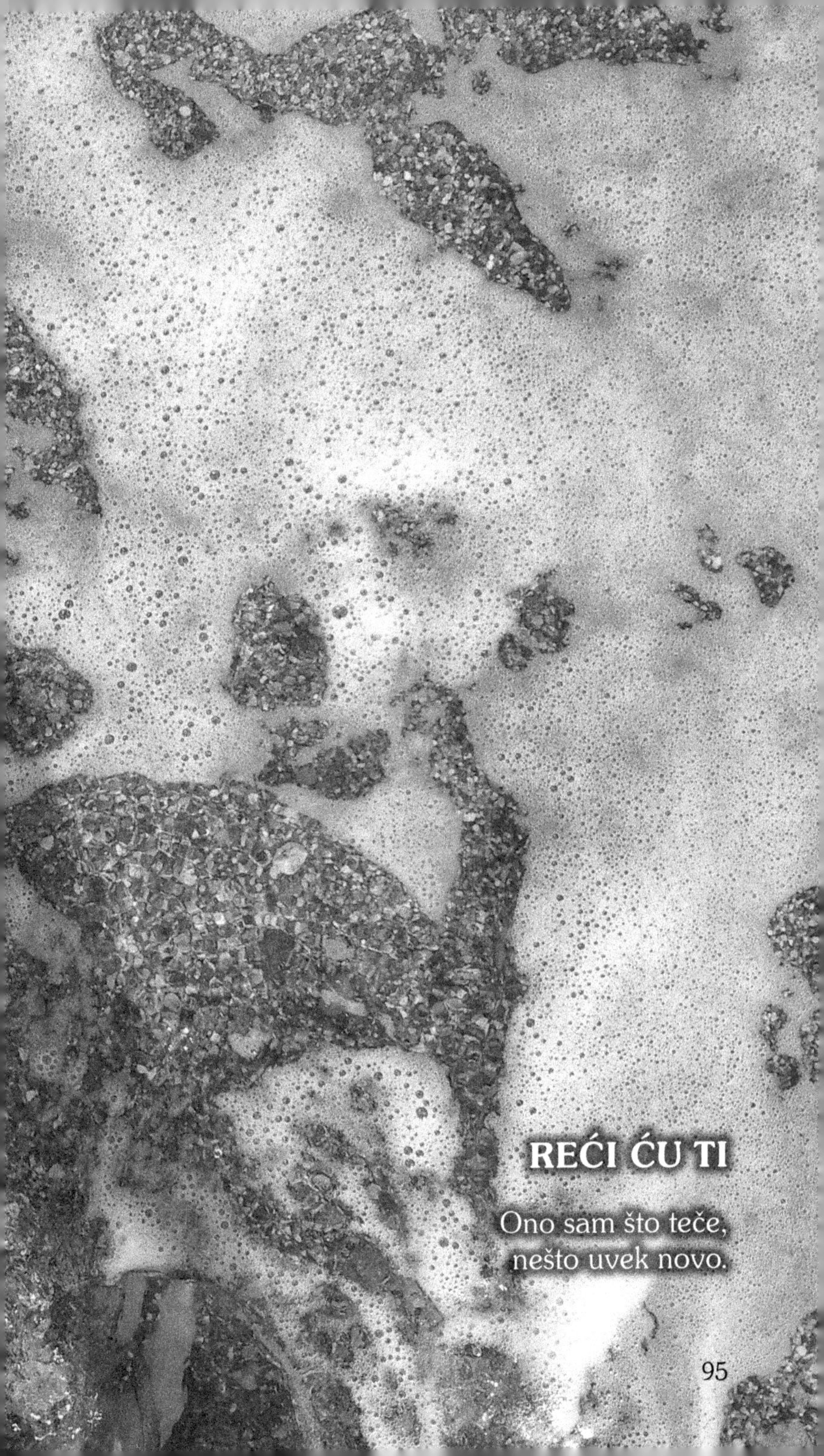

REĆI ĆU TI

Ono sam što teče,
nešto uvek novo.

DOLAZI TVOJ NEDOLAZAK

Ti nećeš doći, znam.

Spremna sam na to.

I nemoj doći.

Taj nedolazak će učvrstiti značenje
tvoje pojave na mom putu –
i dati mi više,
naučiti me više o meni.

Zaista, nemoj doći!

Ostani sa onima koji su se izgubili
u želji, ili ne-želji, da mi istinski pridu.

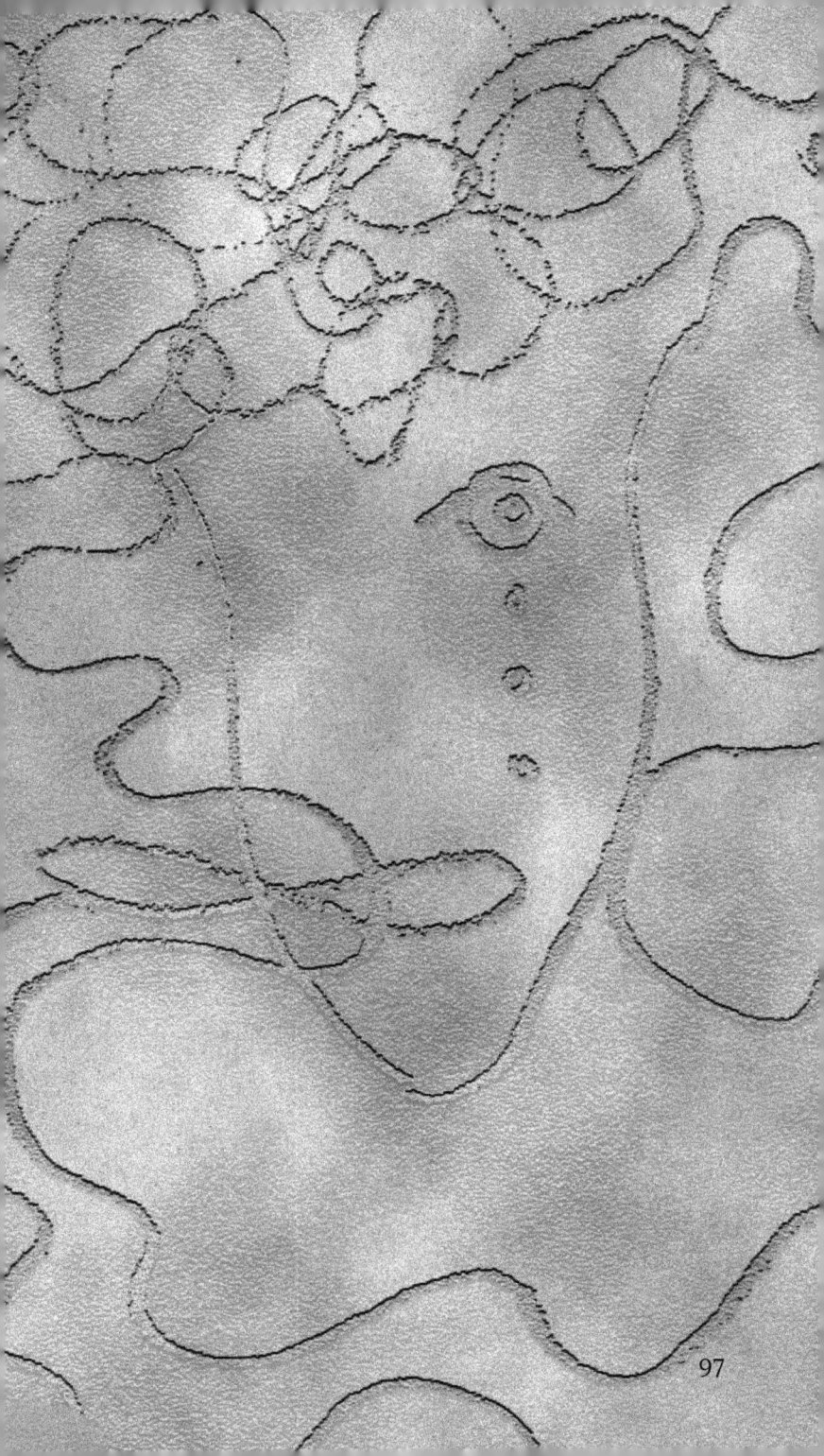

BOL

Drveće je začuđeno ućutalo
kraj mene
i postalo još zelenije.

Reka je tekla
ne prihvatajući me u svoj beskraj
a nebo se na moj krik smračilo.

Oprosti,
što si uzrok moje pomućenosti
i nadošle slabosti.

Podležem pritisku izvesnosti
izloženih ovom času
i naleti bola me raskidaju,
nošeni belim suzama.

ČEŽNJA

I nema,
ničega nema u ovoj kiši i noći.
Samo se zalutali
međusobno dozivaju.

Ti nisi tu.

Misli mi odlaze
dok neki širok bol
savladavam gledanjem.

Postojiš li,
ili to moja čežnja
priziva lepotu
dajući joj tvoj oblik?

DOĐI

Moje su kapije otvorene,
i čuvari više nisu kraj njih.

Zar ne osećaš silinu
ove spremnosti
i želje.

Dođi!

UNUTRAŠNJA VATRA

Čežnja za tobom ne jenjava.

Gorim od njene siline,
koja prodire u moju esenciju.

Ja sam vulkan,
smešten
u prividno mirnom telu
i umu.

Mogu li poželeti nešto lepše?

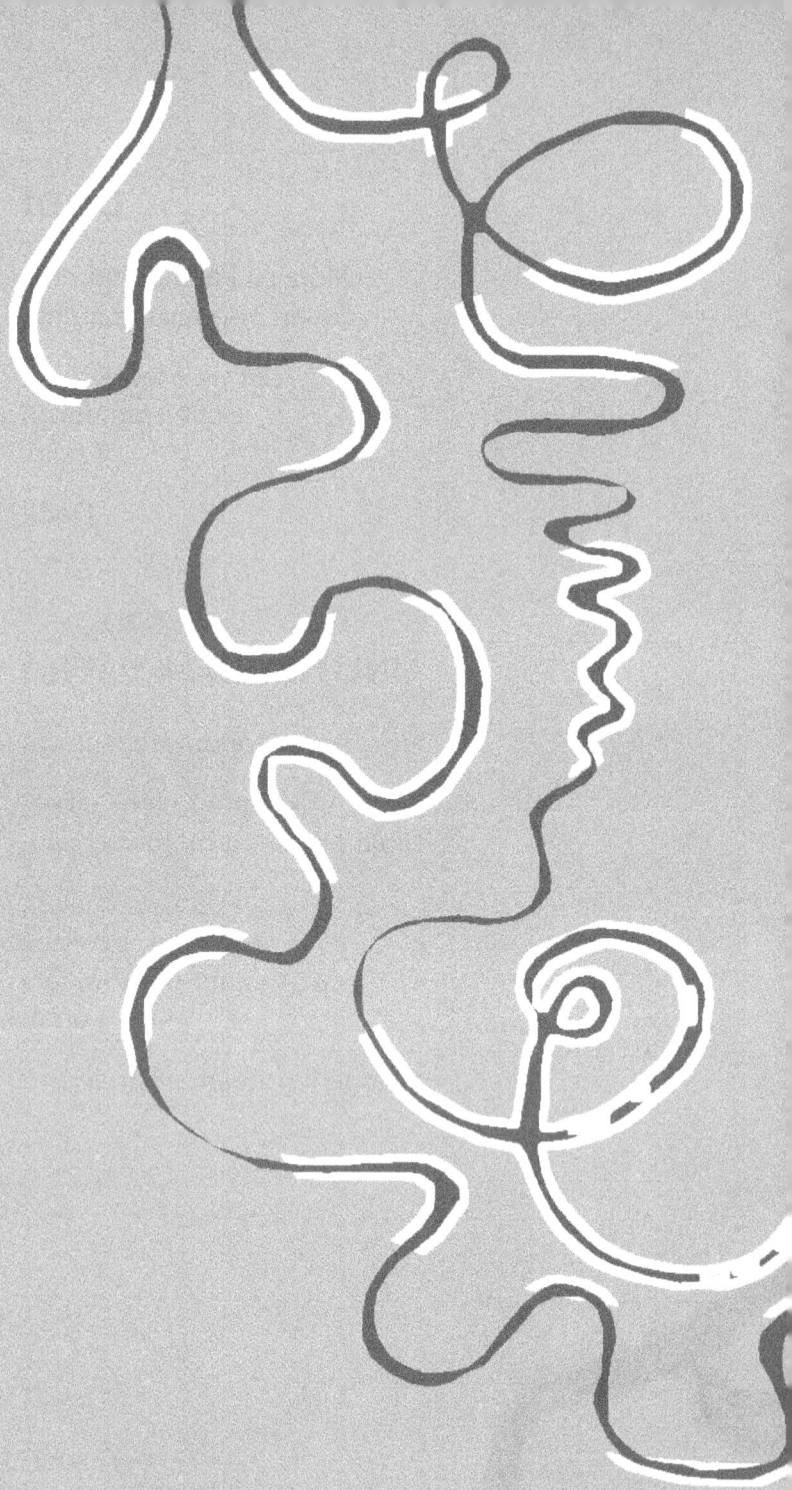

POKLON

Hajde da poniremo jedno u drugo,
dok ne zaboravimo ko smo
i samo ushićenost
ostane od nas –
na poklon vremenima.

VRTLOG

Teče reka,
mene zaboravlja.

Razmišljanje o tebi boli
a želja – vrtloži mi srce.

Dan je težak. Ne ume tebe da mi rodi,
nego me još muči samu.

Treba mi jedno trčanje po polju
i razgovor sa šumom.

Valja od sebe nešto otkinuti
i ostaviti
ovom beskrajnom danu –
kao reka,
kroz promenu uobličavana.

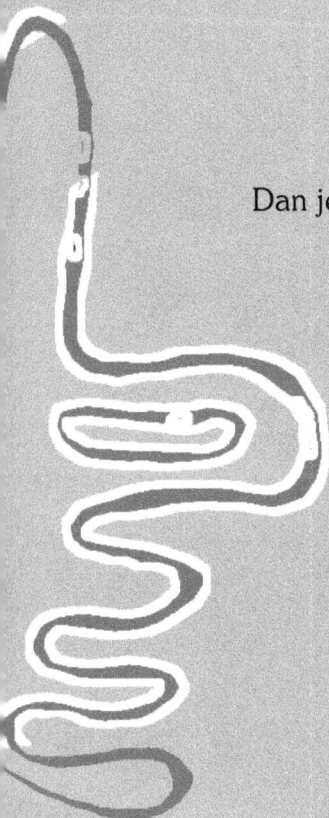

BIĆE

Sve je jedna ulica koračanja.

Naša je samoća ista
i mi prepisujemo njena pisma.

Gledamo u jedan zid.

Da li moram nekome da pišem,
nekome koga neću videti,
ni dodirnuti;
nekome o kome sanjam?

Ti se možeš udaljiti
kao do Meseca, do Kasiopeje,
i ne videti me,
ne razumeti me;
možeš zaboraviti moju zamornost
i okruglo tumaranje,
baciti me u Stiks i otići.

Ti možeš sve – i da i od.

Ja ću biti tu,
u mom ćutanju,
u mojim očima i prstima.

TI

Tutnje nečujni zvuci moga bića i poručuju:
trebaš mi, bez da znam zašto.

Priznajem,
onespokojava me mimoilaženje,
nemoć da te imam
i ovaj bol.

Zato ne bih ogromno da te želim.

Bojim se, i gledam u sumnje
koje mi iz tog straha dolaze.

Ti i ja!
Kako svevremeno,
ali zemaljski nemoguće,
zvuči taj skop!

Ti... mogu li bar da te sanjam?

BESPOMOĆNA

O, budalo moja,
dokle ćemo igrati skrivalice?

Poremetio si mi strukturu smisla,
uselio se u hiljade ćelija
i u samu polaznost, osnovnost moju.

Plaviš me i zadobijaš danima – a nema te.

Ni suze te ne mogu dozvati.

Tražim te od mraka i snega. Čekam.

Šta još da učinim?

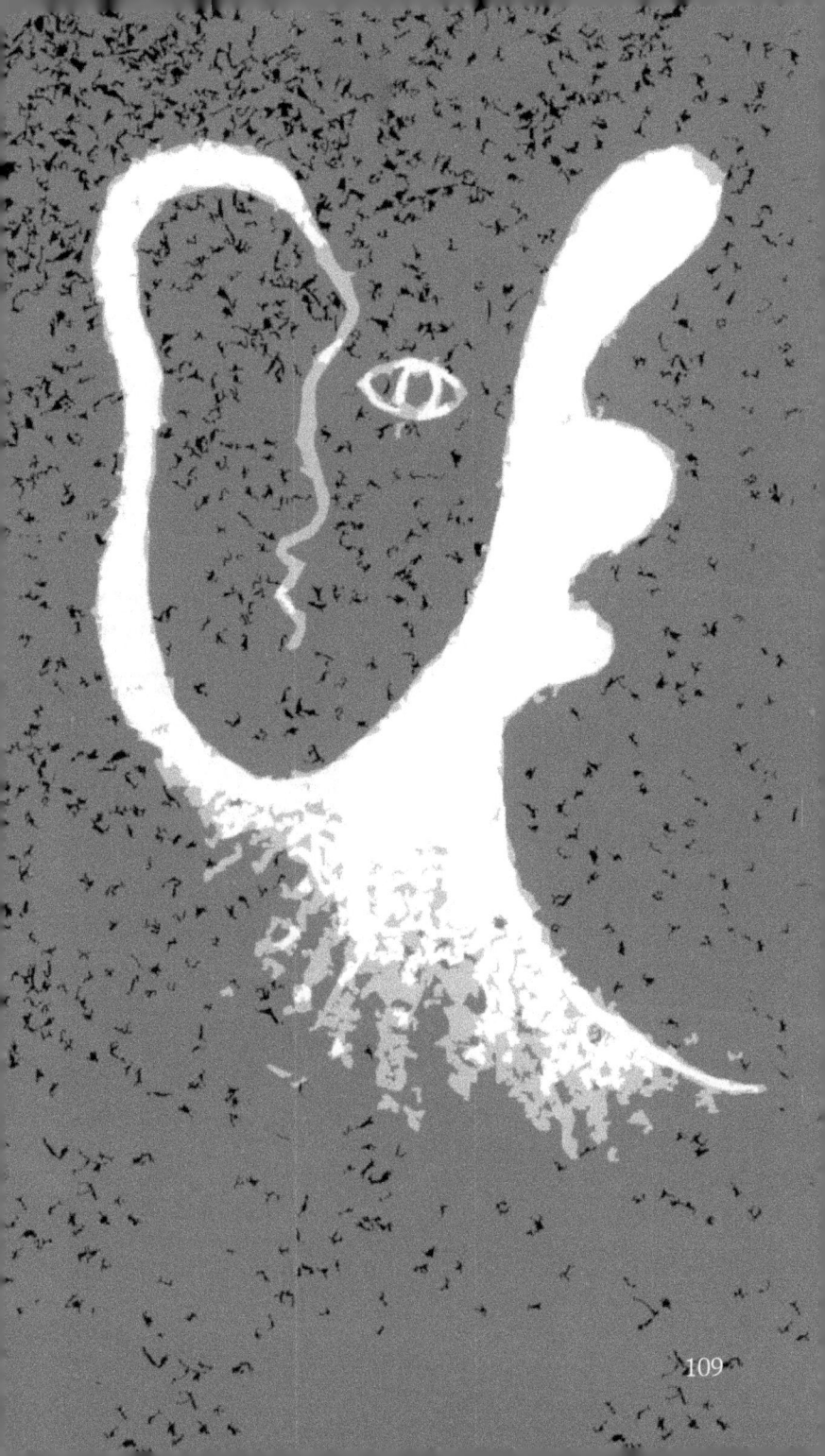

ŽELJA

Još uvek si neko možda,
mada bol i drhtaj –
uporna i moćna moja himera.

Obnavljam te onim što si pokrenuo,
i zaboravljajući na razum –
osećam i želim još.

Ćutim ovu dugu noć,
ovu tišinu što me guši,
ovo Sve,
što se bez tebe zove Ništa.

Zaboravljajući na razum,
osećam te i želim još.

Ko je snažniji:
moj um ili moje srce?

Da li ću to ikada saznati?

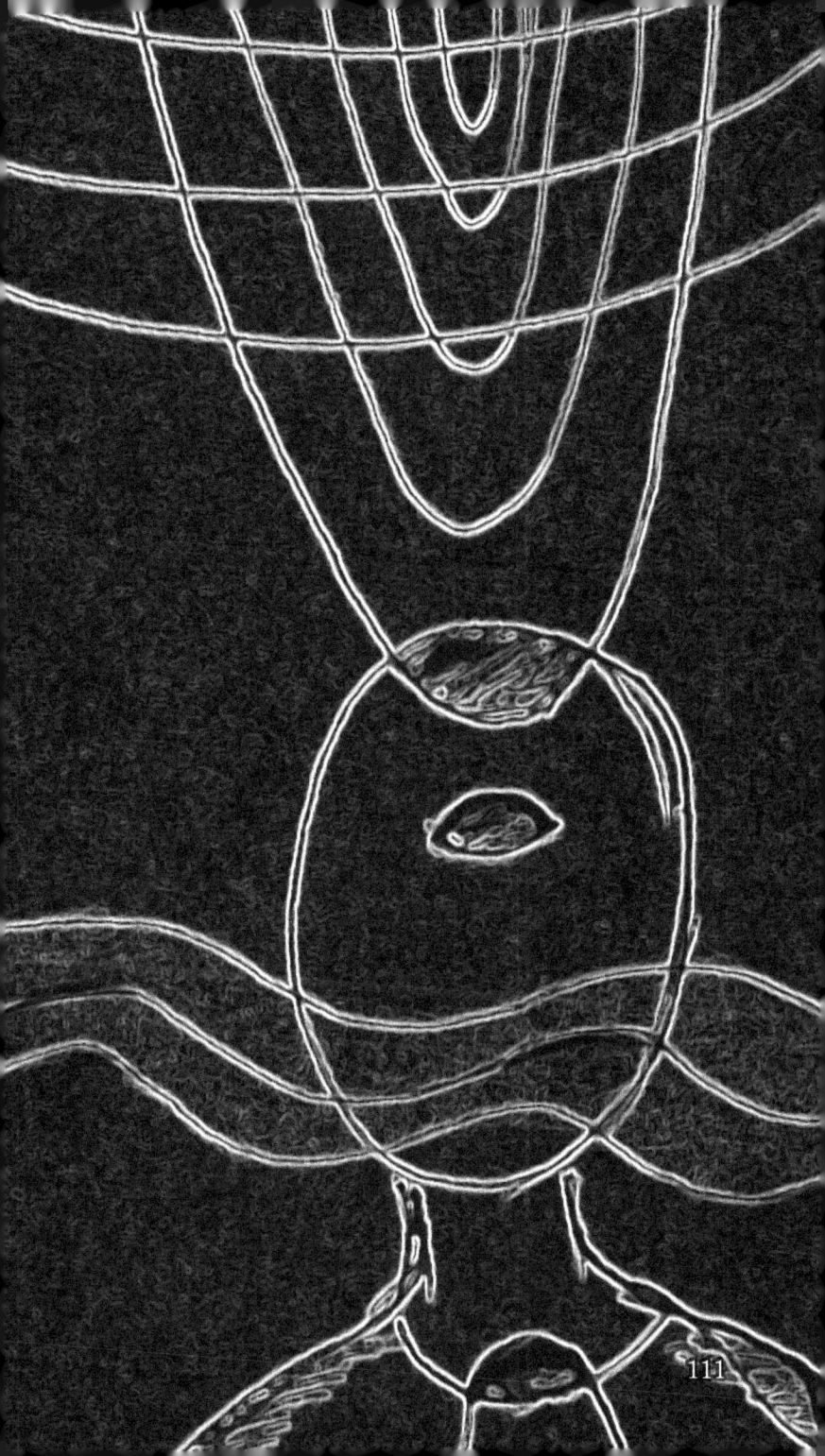

SVITANJE

Samo je noć ostala sa mnom.

Umiremo zajedno –
na radost svetlosti što stiže sa istoka,
moćna ali beznačajna
jer mene neće biti.

I ne boli me više
ni potok, ni strah, ni rane –
samo tišina, sećanje i san.

Nestaje me,
a ne znam gde si.

FENIKS

Želja te stvara,
želja te održava,
želja te troši.

Gde ti zapravo postojiš?

STVARAN

Susret sa tobom nije bio virtualan,
bio je stvaran.

Znam to po brzini moga disanja,
znam to po radosti moga razmišljanja.

Dugo te nisam srela, ni dodirnula,
ali bio si moj onoliko koliko sam želela.

Susret sa tobom
nije bio moja samoobmana.
Postao je još stvarniji kad si nestao.

S tobom sam i sama nestala,
ali se iz bola ponovo rodih –
jača,
bogatija za jedno novo uznesenje
priređeno svim mojim ćelijama.

PESMA MRTVIH PTICA

Ojačane željom da budu,
reči izmakoše mojoj kontroli i,
poput ptica oslobođenih iz kaveza,
odleteše tebi.

Izložen silini tog mnoštva,
svojom reakcijom,
pretvorio si ih u jato mrtvih ptica.

Ako ikada otvoriš dušu
i čuješ neobične zvuke,

biće to odjek moga bola
pretočen u pesme –
u kljunovima mrtvih ptica
koje tumaraju vremenom.

RANJENA

Zatvori kutiju tvojih reči
i prestani da se igraš sa njima.

Njihov promenjeni ton,
zatekao me nepripremljenu
i tiho ranio,
pretvorivši me u zamornu bezvoljnost.

Ranjena ja i udaljen ti –
nije li to prevelika cena
za našu kompatibilnost,
nedovoljno snažnu da se realizuje?

NAJBOLJI POGLED

Uzmi nazad svoja obećanja
da se dogode negde drugde,
i zaboravi da si ikada
ušetao u moj svet.

Idi daleko,
toliko da moje misli
ne mogu da te dosegnu.

Ja ću ostati ovde,
gde jedino i trebam biti –
u sebi samoj.

Sa tog mesta, pogled je najvredniji
i sve već postoji;
čak i ti – bolji i stvarniji.

IMAM

Od mog do tvog sveta – tri dana hoda!

Kako je ova očigledna nespojivost
rezultirala privlačnošću?

Ne pristaješ mojoj stazi.

Tako sam jasna noćas,
do dna.

Ne želim.
Ne očekujem.

Imam.

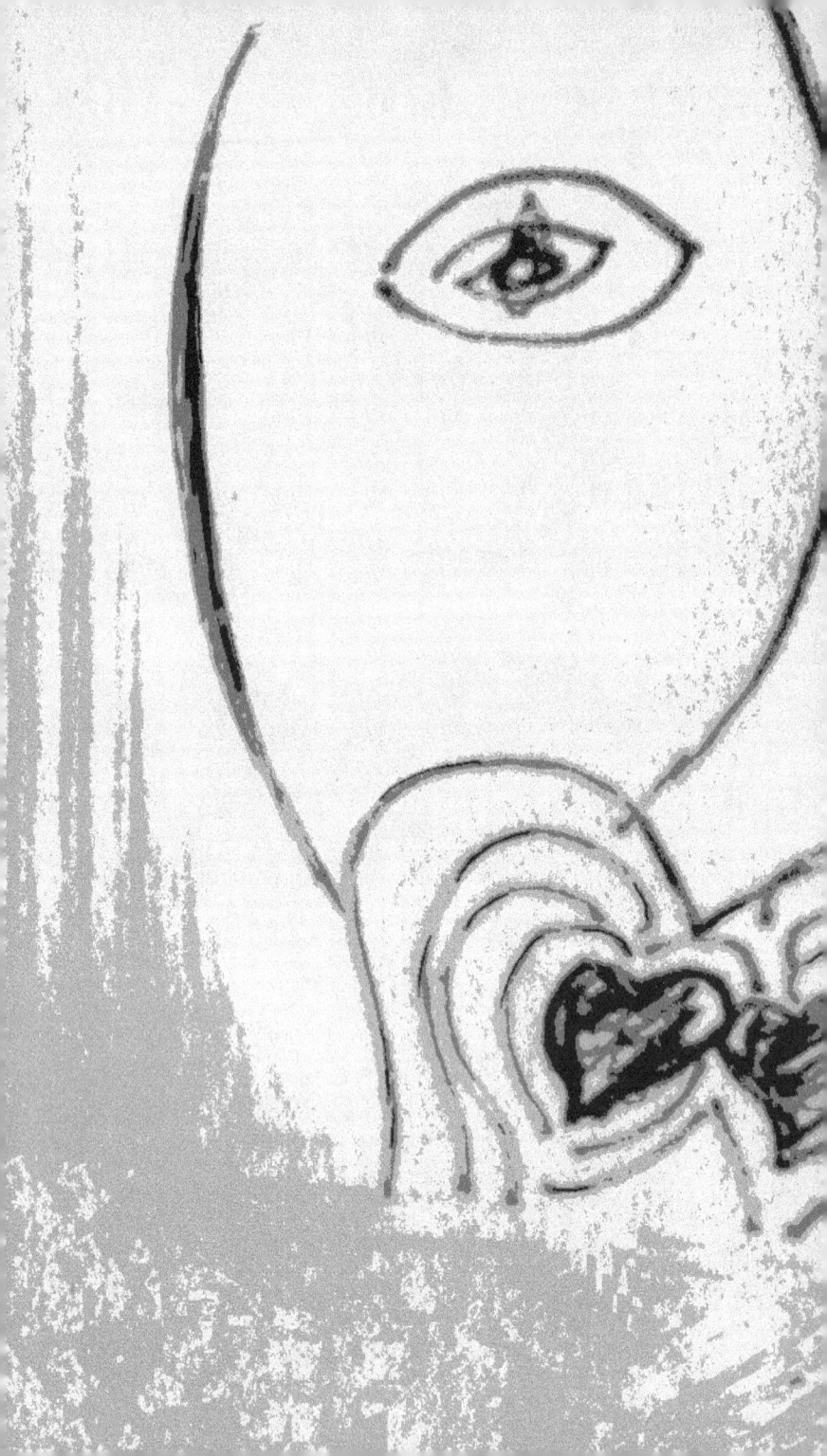

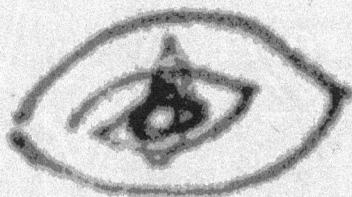

GLEDAM KAKO ODLAZIŠ

Gledam kako odlaziš,
i osećam da si se već vratio,
da si u meni –
ne nameravajući nigde da ideš.

Gledam te otišlog
dok te slušam prisutnog.

Na kraju,
ja više ne znam gde si.
Na kraju,
ja više ne znam gde sam.

Da li moram da znam?

NOĆNA POSETA

I onda kad poverujem
da te više ne želim,
probudi me želja za tobom
snažnija od svakog sna.

I opet sam tvoja
dok u tišini,
bez glasa i oblika,
plaviš me i osvajaš celu.

Nema te, a tu si!

Kako preživeti ovaj apsurd?

Kako prevazići
osećanja potekla od misli?

UNUTRAŠNJI ZAPIS

Sad je kasno da odeš,
svaka moja čestica te procesovala,
i naše su energije zauvek spojene.

I više ne postoji način da te nemam
jer si već u meni,
pohranjen u ćelijsku memoriju.

GOSPODARU DRAGI ...

ŠTA MI JE DRUGO ČINITI

Gospodaru dragi,
šta mi je drugo činiti
do tragati za samom sobom
unutar realnosti
proizašle iz Tvoje namere?

Gde ja to mogu otići,
izuzev dublje u samu sebe
da spoznam u celosti
biće kojim pulsiram.

I kako mi je važnije delati
do iz zahvalnosti za ovu mogućnost.

Znam, Ti već eonima očekuješ
ovaj prag moje spoznaje
i mogao bi još da čekaš –
ali ja ne.

Žudim za neprekidnom svešću o Tebi.

TVOJE PRISUSTVO

Tek sada, Gospodaru dragi,
prepoznajem Tvoje prisustvo u meni –
tu rastuću svetlost koja me hrani,
koja me razvija i usmerava
ka mom kosmičkom potencijalu.

DODIR

Dok sam snevala o Tebi,
Gospodaru dragi,
pružio si ruku kroz taj san
i dodirnuo me.

Tvoj dodir me vratio meni
i doveo k Tebi,
uručivši me božanskom zanosu.

Bdim nad tom vibracijom,
i promatram kako me jača –
dok hodam ovom jednosmernom stazom
koja zavija u samu sebe,
ulivajući se u sopstveni početak.

BUĐENJE

Mi nikada i nismo bili razdvojeni,
samo je moja neprobuđenost
održavala tu iluziju.

Mojoj pospanosti je sada kraj
jer me rastuća spoznaja (o Tebi)
sve snažnije budi.

Razumem – Ti si daleko
samo onoliko koliko ja nisam u sebi;
dok moj samozaborav traje.

ESENCIJALNA SPOZNAJA

Imam Te u mom srcu, oku;
imam Te u mojim kostima,
u celokupnosti mojih energija.

U samoj esenciji ove spaznaje si Ti.

Odakle onda dolazi ova neukrotiva želja,
kad smo Ti i ja već JEDNO,
Gospodaru dragi?

DRUŽENJE

Svaki put kad Te sretnem u sebi,
povežeš me sa izvannošću –
osmisliš metafizičku izvesnost moga bića
i odeneš je u novo značenje.

Stoga još uvek učim
da budem pristupačnija za nas,
da naše druženje bude češće i traje duže,
Gospodaru dragi.

Što smo bliskiji,
napornija je naša razdvojenost.

SVETO MESTO

Postoji jedno mesto
u mom srcu,
gde Te uvek nalazim –
ako me skromnost
do njega dovede.

Ti me uvek tu čekaš,
Gospodaru Dragi –
raskošno topao i uzbuđujuće stvaran.

U tom stanju ugnježdenih beskonačnosti
barijere ne postoje;
blaženstvo putuje stazama otvorene spoznaje
i osećaj individualnosti se gubi,
Gospodaru Dragi.

UNIVERZUMSKI ZAVIČAJ

„Ti se vraćaš kući, moje dete.

Promatram kako te ljubav vodi,
Beležim tvoje prepreke i sumnje.
Razumem tvoj bol i strahove
i pozdravljam tvoju upornost i veru.

Ponosan sam na vas, moja deco,
ali vam ne mogu uručiti svu svoju ljubav
jer Me tada ne biste slušali i rasli.

Moja je ljubav ogromnost
nesamerljiva čovekovim umom
ali dostupna njegovom srcu.

Stoga, u blistavim odajama vašeg srca,
unutar Mog srca, Ja čekam na vas.
To mesto je vaš univerzumski dom.

Samo vaš intelekt, nikad vas neće dovesti meni.
Ako ga udružite sa logikom srca,
otključaćete vrata kosmosa i univerzma."

PROGRAM

„U formi drugih ljudi i bića,
uvek sam to bio Ja,
koji je želeo da ti se približi,
kako bi se ti približilo sebi,
to jest Meni, moje ljudsko biće.

Svi tvoji padovi i uspravljanja,
rezultat su Programa
koji sam sačinio da te probudim,
i uvedem u uzvišenu vibraciju
tvoje esencije – Moje Esencije."

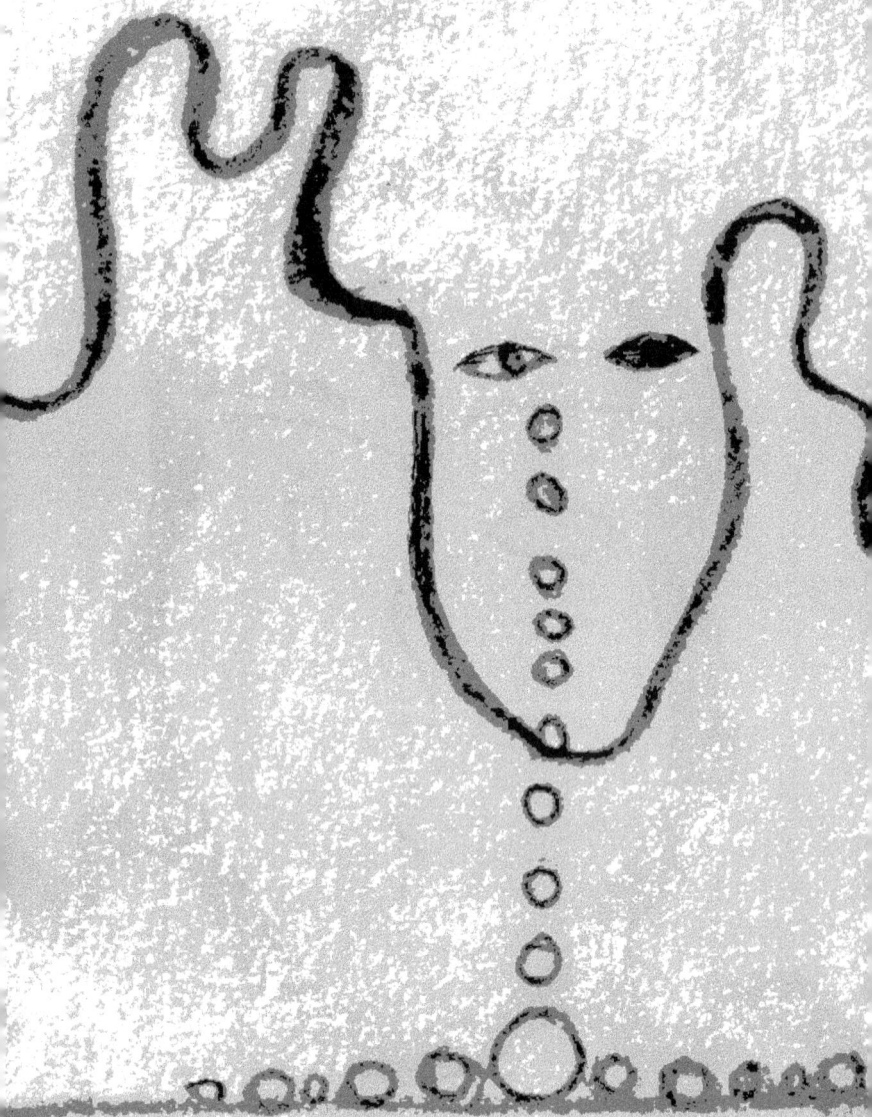

SUZE

„U svakom tvom bolu,
ja sam uz tebe –
pridržavam te i uspravljam.

Ja zalečujem tvoje rane
navodeći te na nove,
dok ne ojačaš toliko
da ih ne primećuješ;
dok ne razumeš da je bol pojava
neophodna određenom nivou svesti.

Dok ti plačeš, kroz tvoje suze,
esencijom teče Moja tuga
i pročišćava svetove."

DIREKTNO ISKUSTVO

Koje je boje Tvoja čarolija,
Gospodaru dragi?

Ne moraš mi reći,
samo je preslikaj na mene,
na ceo svet i vaseljenu!

„Već sam to uradio"
– čujem kako odgovaraš.

Hvala, Gospodaru,
što me podsećaš
da tajne treba da ostanu tajne
a misterije nikada ne razjašnjene.

Kad naučimo da promatramo,
zapitanost nestaje
i mi znamo da znamo.

139

POKRETAČ

Gospodaru moj, unutar beskraja vaseljenskog,
da li bi mogao da mi pišeš,
ovako kako ja sada Tebi pišem?

„Oduvek je naša sajedinjenost bila to
što pokreće tvoju ruku"
– čujem kako poručuješ.

„To je inspirativna energija Jednosti,
koja božansko nastoji da prevede u shvatljivo."

O, Gospode, moj Gospodaru!

SVI I SVE

Ljubav,
ljubav,
ljubav –
šta je to,
moj Gospodaru?

„To je kosmički lepak
koji održava Moju celokupnost.

Dete moje,
to ste svi vi,
to sam Ja,
to je tajna našeg zajedništva
i svakog progresa."

PODSEĆAJ ME

Oboji me
svim Tvojim zvucima,
pokaži mi
i ono što ne želim da vidim;
prenesi me
u nepoznato!

Podrži moje nastojanje
da budem sve bolja
i podsećaj me
na moju božanskost,
dragi Gospodaru.

UNUTRAŠNJI OSMEH

Kroz spokoj
kosmičkih tišina
naše su ljubavi
dozivale jedna drugu.

U carstvu materije,
naše su ljubavi
susrele jedna drugu.

Moj unutrašnji osmeh
je tako rođen.

143

MAĐIONIČAR

Ti blistaš kroz zvezde,
osmehuješ se kroz cvetove
i pevaš kroz srca zaljubljenih.

Osećam Te u sebi i promatram
kako Tvoj neprikosnoveni poredak
uređuje moje energije, Gospodaru Dragi.

Iako si celokupnost svega što jeste,
svaki oblik i svaka boja,
uspevaš da ostaneš nedostižan.

Vrhunski Mađioničar,
nepojmljivi pojam, si Ti!

ZAJEDNIČKO IME

Dragi Gospodaru,
znam da jesi
jer znam da jesam.

Što ubedljivije znam ko sam,
toliko više spoznajem ko si.

Spoznaja
je naš zajednički prostor.

„Ja Jesam"
je naše zajedničko ime.

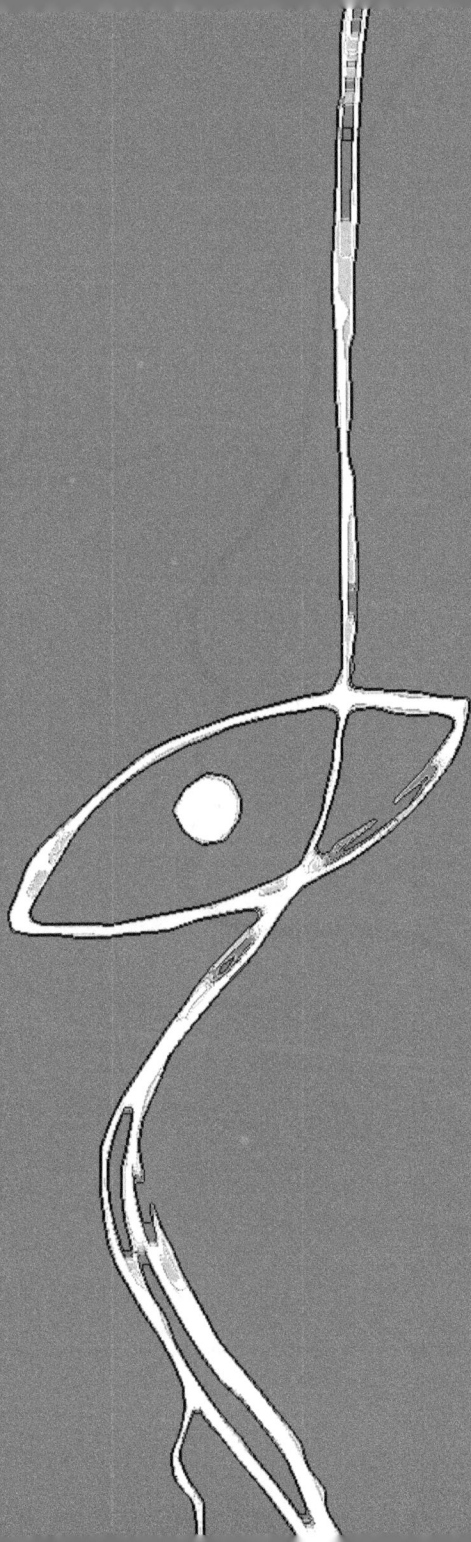

KA OPSTANKU

Vidim Te
iza svakog uzroka,
Gopsodaru dragi,
i to me oslobađa potrebe
da postavljam pitanja.

Radim
na sopstvenom jačanju,
kako bih Ti prišla bliže
i opstala –
kročivši u besmrtnost.

KORACI

Učiš me da prepoznam moć tišine
i pronađem je u sebi.

Učiš me da razumem *Ja Jesam*.

Promatraš me
i nudiš nove razvojne dimenzije,
shodno Tvom Planu i mom kapacitetu.

Naučio si me da hodam, trčim, govorim.
Jednoga dana, znam,
naučićeš me da letim.

JEDINSTVENOST

Nebitno je, Gospodaru dragi,
u koliko aspekata egzistiraš.

Uvek će postojati frekvencija
kroz koju Ti samo ja prilazim –
u kojoj si Ti samo za mene
i ja samo za Tebe.

Hvala za tu energetsku stazu
kojom mi pristiže životna moć!

Svako ljudsko biće
ovo može reći.

ŽIVOTOČINITELJ

I samo razmišljanje o Tebi, Gospodaru,
aktivira nove spoznaje
i produbljuje usvojena značenja.

Bez posvećivanja Tebi,
zemaljska užurbanost
bi neprekidno obnavljala svoja stanovišta,
nemoćna da Te dosegne.

I sama svest o Tebi, Gospodaru,
osposobljava me da živim i volim
ubedljivije.

Kako moćan životočinitelj si Ti!

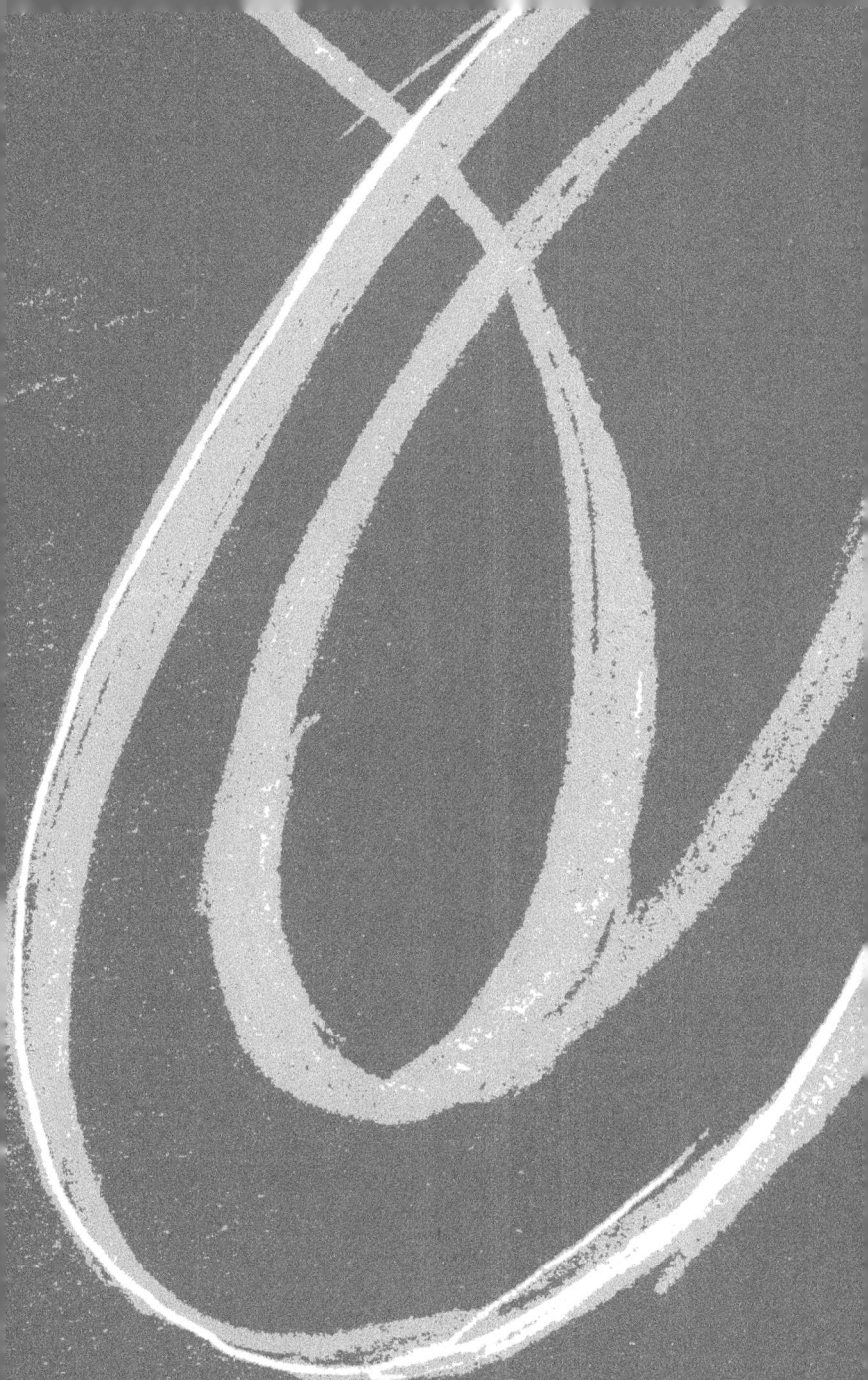

TESKOBA

Ponekad, Gospodaru,
ovo telo, ovo srce i razum,
čak i ovaj svet,
se čine nedovoljnim.

Gde ja to trebam biti
da bih Te celovitije imala?

I zašto žurim? Gde?

Zar nismo već zajedno,
Gospodaru dragi?

SUVEREN

Sve je već dobro,
čak odlično,
Gospodaru dragi.
Najzad to uočavam.

Sve neprekidno evoluira
u sopstveni savršeniji oblik –
prolazeći kroz neophodne faze,
shodno Tvom Programu.

Moja tendencija
da kontrolišem tokove,
i insistiram na bilo čemu,
stoga bledi.

Vidno odustajem od mojih načina,
dok postepeno prenosim
„moju" volju u Tvoju –
u besprekorni preplet Tvojih Poredaka.

Najzad,
svesna univerzumskih zakona,
klanjam se njihovoj primarnosti
i Tvojoj suverenosti.

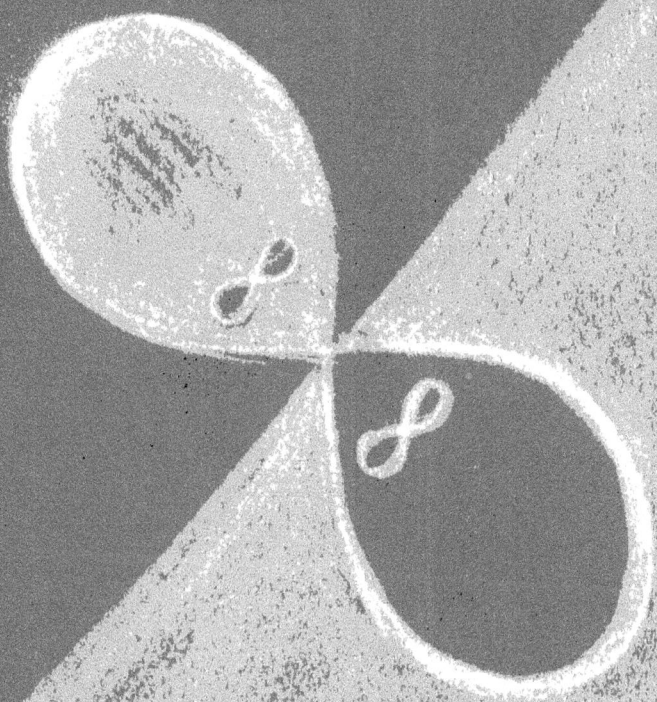

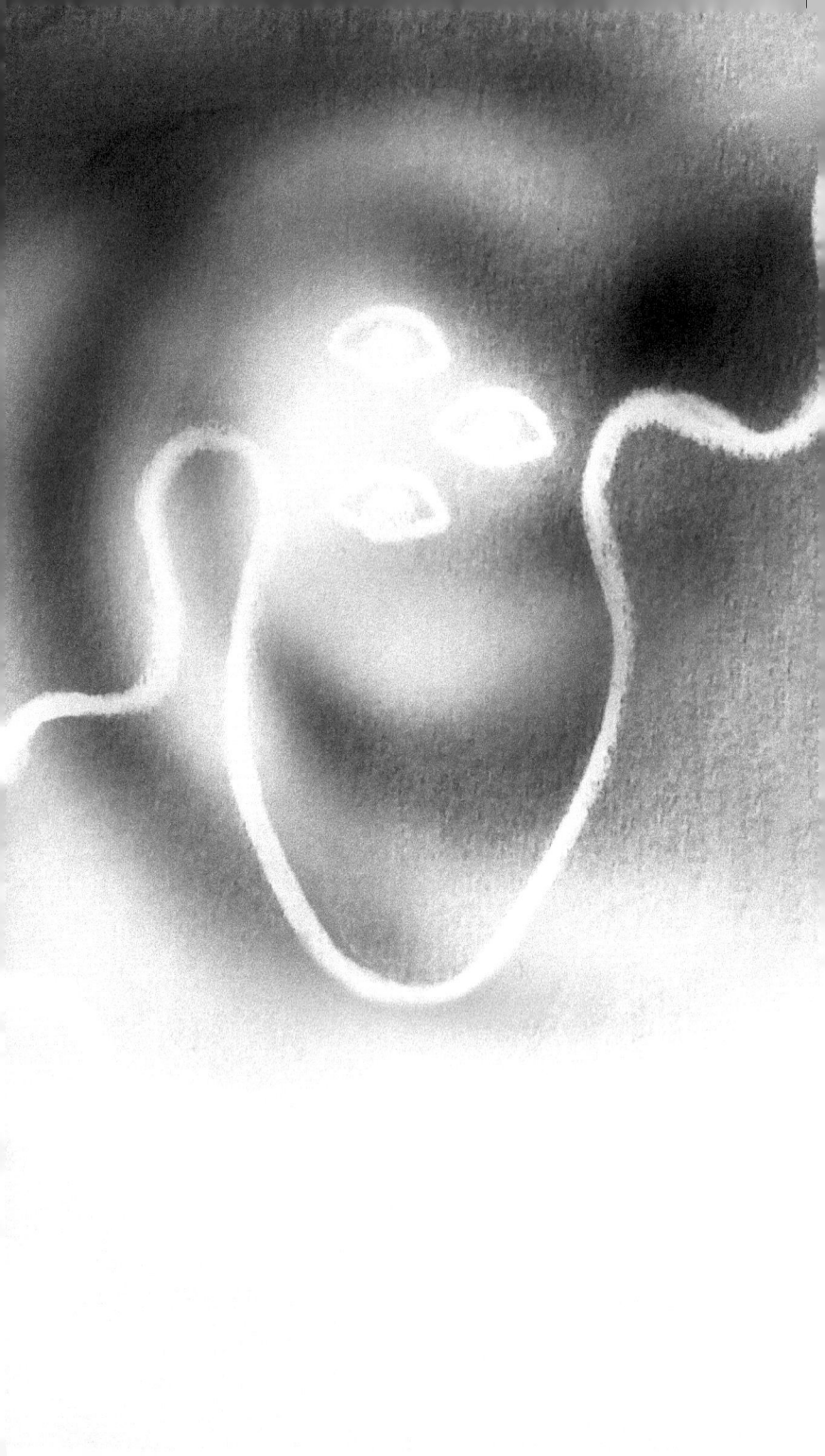

SVEPRISUTAN

Odakle dolaziš, Gospodaru dragi,
nošen talasima
koji zaustavljaju moju misao
i menjaju ritam moga disanja,
celu me pretvarajući
u tačku orgazmičkog pulsiranja?

Zapravo, ne moraš mi odgovoriti;
samo ostani uz mene,
Ti – bezvremen, bezobličan,
nevidljivo vidljiv.

Da li to Ti iniciraš ovakve trenutke,
ili ja – koja samo povremeno
doseže njihovu naročitu vibraciju
i snažnu spoznaju o Tebi?

Ne moraš mi odgovoriti,
Ti, beskrajno dalek i beskrajno blizak
– vlasnik života i njegove esencije.

REFLEKSIJA

Hvala Ti, Gospodaru dragi,
za ovo sunčano, hladno, kristalno jutro.

Hvala Ti za sve prizore
koji ispunjavaju ovaj prostor i ovaj čas,
reflekujući Tvoju besprekornost i mir.

Hvala Ti, Gospodaru dragi,
što si me uveo u ovu predstavu
u kojoj Tvoje moćno prisustvo,
najzad primećeno,
odjekuje kroz ovo „Ja Jesam".

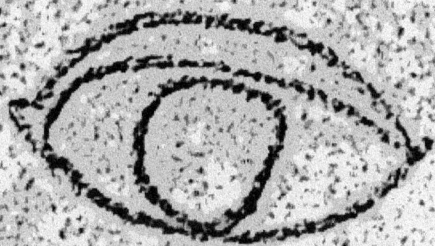

157

JEDAN ODNOS

Tek sada jasno vidim
da su svi moji odnosi sa drugim ljudima
bili samo oblik jednog jedinog odnosa:
mene i Tebe, Gospodaru dragi.

Drugi ljudi su Tvoji predstavnici.
Njihovi su gestovi Tvoje poruke
na moje ponašanje.

Jedno je biće i jedna je svest
koja orkestrira svoje fragmente,
rasute po nebrojenim dimenzijama.

Tek kad se prepustimo zakonima Jednog Bića,
mi istinski jesmo.

Svaki život pre toga je iluzija.
Lišeno duhovne energije,
svako naše telo pre toga je iluzija.

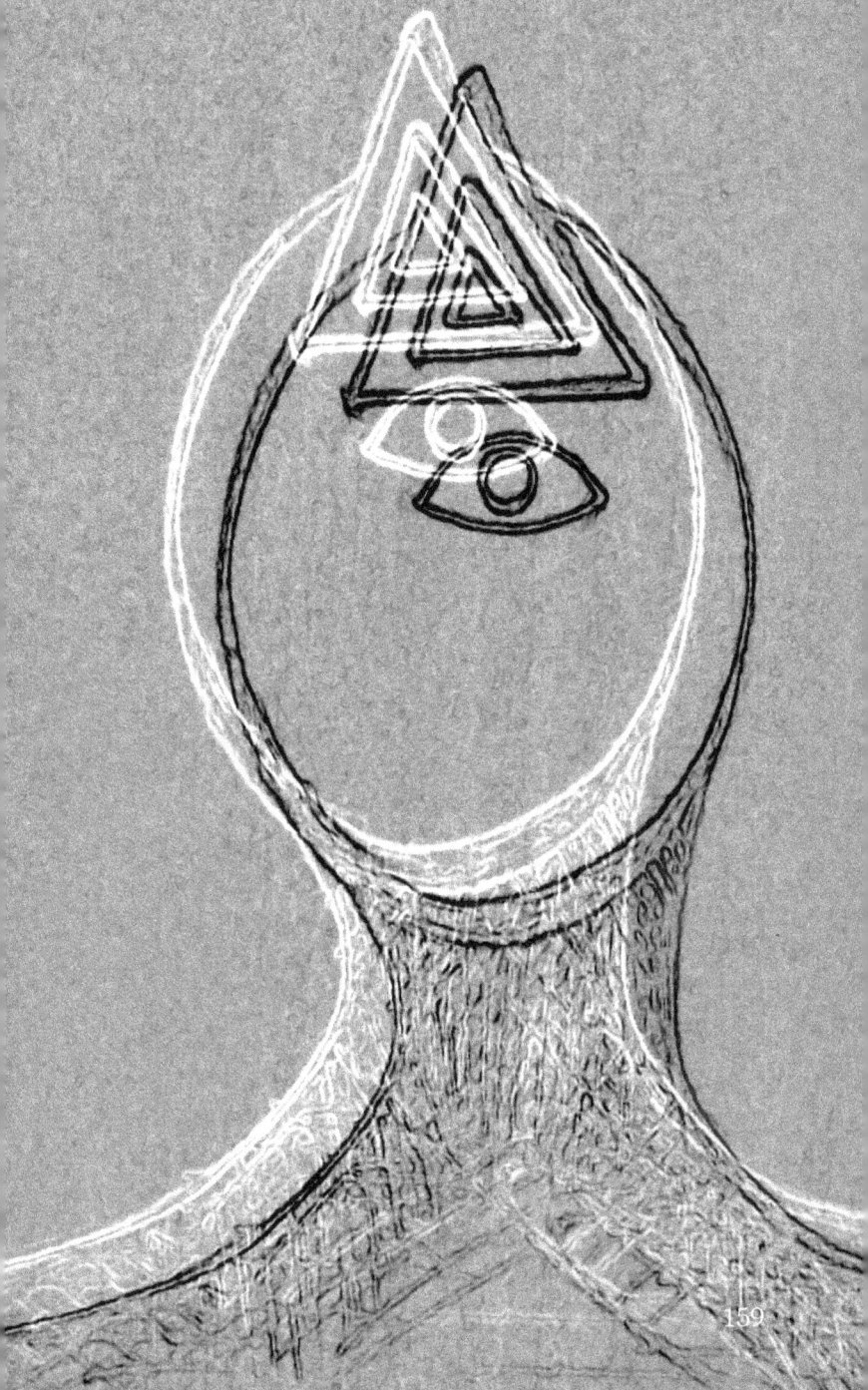

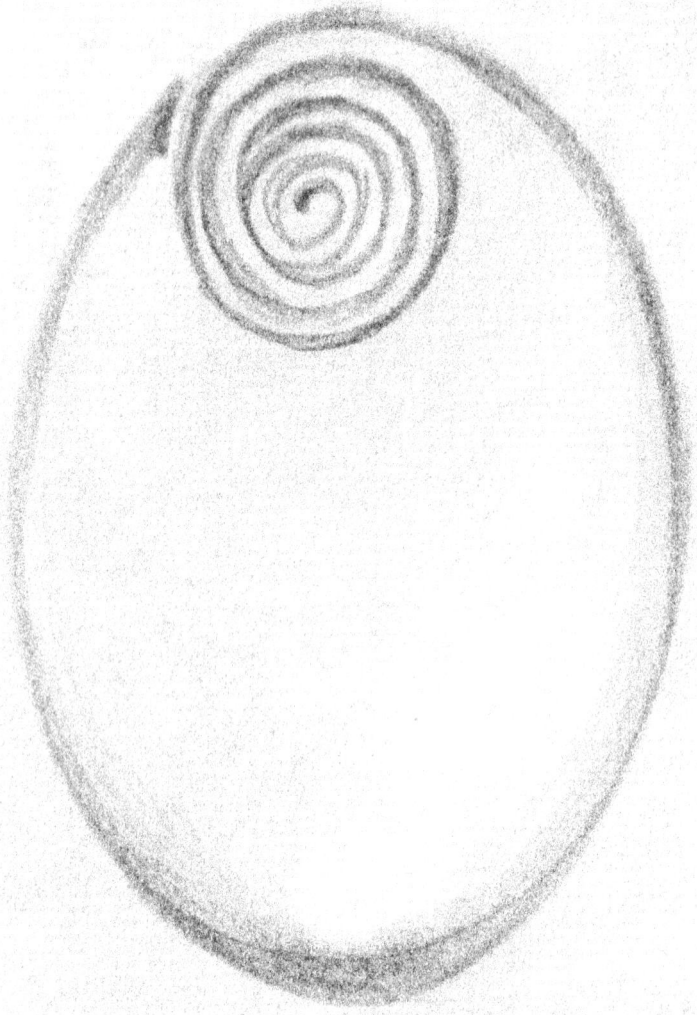

JOŠ UVEK RASTEM

Kad god nisam u sebi,
Ti kao da ne postojiš,
moj Gospodaru.

Još koliko dugo
moram da učim i rastem
dok naša i najmanja razdvojenost
ne postane nemoguća;
dok mojom spoznajom ne ovlada božansko i,
trajno spojivši logiku srca i razuma,
ne utonem u lepotu Jednog Bića?

TI SI ESENCIJA

Gospodaru dragi,
geometrijski je naš odnos –
Ti si esencija,
Ti si centar.

Ja sam tačka koja kruži oko Tebe,
otkrivajući tako sopstvenu svrhu.

Bez centra nema fokusa;
bez centra nema uzvišenijeg značenja.

Bez tačke nema linije,
nema forme, nema geometrije.

Geometrija vizualizira svaki odnos,
opisujući položaj
i značenje svake tačke.
Brojevi su njeno skriveno ja.

Matematična je moja misao,
poetično njeno rasuđivanje –
unutar životne jednačine
koja me zaokuplja.

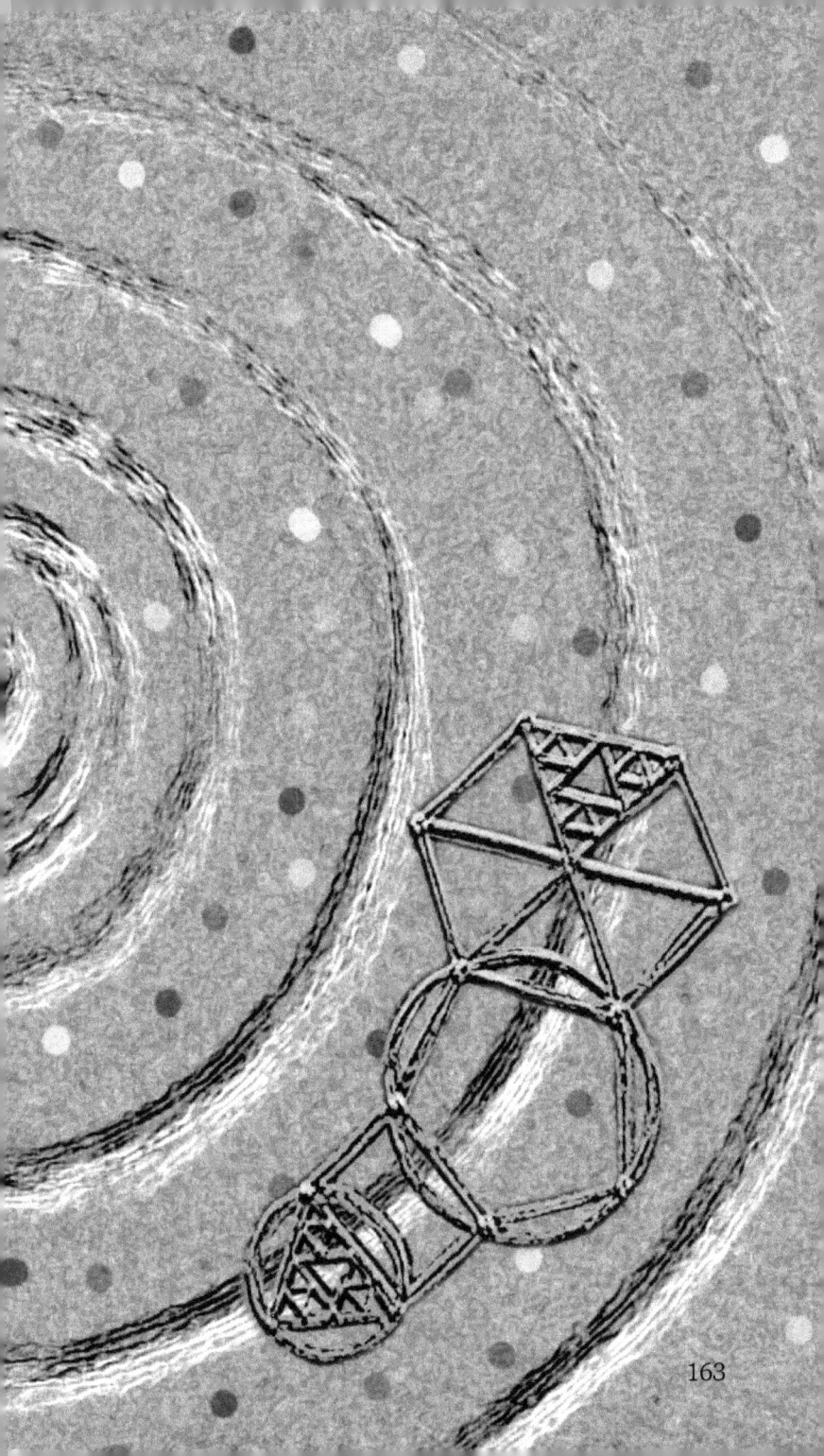

VRHUNSKI MAJSTOR

I došao je dan, moj Gospodaru,
kad Ti želim reći
da svesno prihvatam Tvoj način.

Moje priznanje Te ne iznenađuje –
uprogramirao si ga u moju stazu
i beskrajno strpljiv čekao ovaj trenutak!

Pomoću sistema i emisara univerzumske svite,
sada mi otkrivaš da je sve,
čak i moja svest,
rezultat kosmičke REFLEKSIJE.

Bio si i ostaješ Majstor
nad majstorima geometrije –
Gosodar svih tačaka, linija i prostora;
Gospodar vremena, zakona i poredaka.

Bio si i ostaješ Majstor
nad majstorima života –
usamljeni čuvar svih njegovih tajni.

VIDIM TE NEVIDLJIVOG

Ovaj letnji dan, sunčan i blag,
donosi Te u moju spoznaju,
Gospodaru dragi.

Vidim Te nevidljivog, a blistavog,
u česticama vazduha;
osećam Te preslikanog u mom srcu.

Obožavam Te u svakom cvetu,
u svakom atomu,
zaduženom naročitom svrhom.

Znam, Ti me uvek čekaš
u dimanzijama spoznaje i svesti
u beskrajima dva carstva –
unutrašnjeg i spoljašnjeg.

URANJAM U OVAJ ČAS

Kako je snažan ovaj trenutak!

Upražnjavajući njegovu grandioznost,
sva bića pozdravljaju jedno drugo,
jezikom sopstvenih svetova.

Osećam veličanstvenost
ove sveprisutne interakcije,
i sve dublje uranjam u nju.

U tom bezimenom, jednom, prostoru,
lako Te pronalazim, Gospodaru dragi.

I radost jesam.
I mir jesam.

NEKO

Neko me pazi i sledi –
ne znam ko.

Neko nevidljiv je prisutan,
duboko osećan –
ne znam ko.

Neko me čeka,
udaljen a blizak –
ne znam gde i ne znam ko.

Neko me puno voli i štiti!
Pitaću moje srce
ko je to.

UPUĆENA TEBI

Gospodaru dragi,
ne priželjkujem ništa više
jer mi sve potrebno ionako daješ.

Nadanju se ne priklanjam,
jer prihvatam neizostavnost Tvoga Plana.

Brige sam Ti poverila,
jer sam u potpunosti Tvoja.

Cvetam od ovog saznanja
smeštenog u moje tkivo;
cvetam od ove primordijalne radosti
zaverene beskraju.

POSLEDNJE PITANJE

Šta se ovo događa,
Gospodaru dragi –
ja živim
i umirem
u isto vreme?!

"I biće tako,
dete moje –
sve dok jedino
svetlost
ne ostane od tebe."

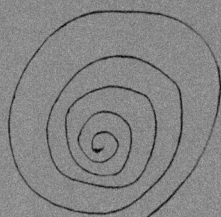